1946 年摄于北平

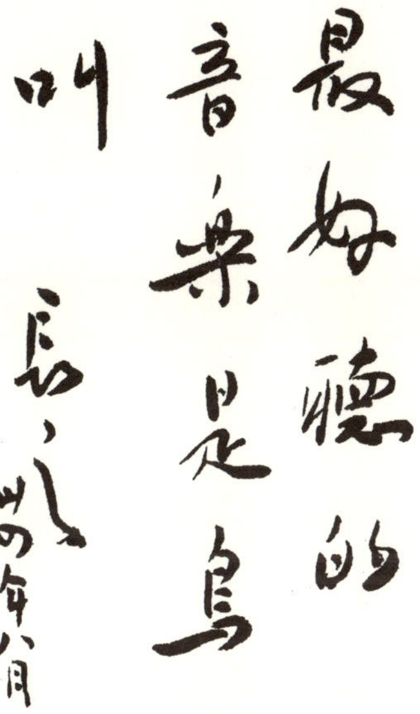

1945 年为梁实秋先生小女儿梁文蔷纪念册题字

序言

碎金文丛

迎中国的文艺复兴

李长之 著

商务印书馆
创于1897 The Commercial Press
2017年·北京

图书在版编目(CIP)数据

迎中国的文艺复兴/李长之著. —北京:商务印书馆,2013(2017.9重印)
(碎金文丛)
ISBN 978-7-100-09487-0

Ⅰ. ①迎… Ⅱ. ①李… Ⅲ. ①文化事业—建设—中国—文集 Ⅳ. ①G12-53

中国版本图书馆CIP数据核字(2012)第226280号

碎金文丛
迎中国的文艺复兴
李长之 著

商 务 印 书 馆 出 版
(北京王府井大街36号 邮政编码 100710)
商 务 印 书 馆 发 行
北 京 冠 中 印 刷 厂 印 刷
ISBN 978-7-100-09487-0

2013年10月第1版 开本787×1092 1/32
2017年9月北京第2次印刷 印张9¾ 插页2

定价: 30.00元

出版说明

学问一事，见微而知著，虽片言鳞爪，却浑然一体。及今观之，札记、书信、日记等传统书写方式，更是散发出无定向、碎片化的后现代气息。钱锺书先生便将自己的读书笔记题为“碎金”，凸显其特殊的价值。

文丛取名“碎金”，意在辑零碎而显真知，并与“中华现代学术名著丛书”相映衬。丛书所录，非为诸名家正襟危坐写就的学术著作，而是其随性挥洒或点滴积累的小品文章。分为治学随笔、学林散记、日记书信与口述自传等系列，多为后人精心整理或坊间经年未见的佳作。希望这些短小而精美、灵性而深邃、言简而隽永的吉光片羽，能帮助读者领略名家学者的点滴妙悟、雅趣文字，一窥学术经典背后的丰富人生。

商务印书馆编辑部

怀昔贤之高风，对当世之巨变

——谈李长之《迎中国的文艺复兴》

于天池　李　书

（一）

1944年元旦，《时与潮》副刊编辑部组织重庆的文化界人士柳无忌、潘菽、李长之等24人发表新年随感，文字多寡不同而统以《新年的感想》为大标题。长之先生发表了如下的感言：

> 我很希望中国的新文学运动在两大切实的基础上切实而且发扬起来：一是中国古代神话之科学整理；二是应该有一部好的中国语言史，那语言史最好是特别重在以语言哲学为根据，看几个大段落里与文化形态相当的文法构造。

感言不足百字，与他人迥异，也与新年贺词的吉祥语氛围不合，粗看起来挺突兀，似乎有点没头没脑，当时就有读者对此大惑不解，写信质询。长之先生没有正面回答，而是请他们先看一看1943年商务印书馆出版的"复兴丛书"中自己所写的《北欧文学》自序。

《北欧文学》与《迎中国的文艺复兴》几乎同时由商务印书馆出版。其自序写于1943年的11月24日，比是年年底写的《新年的感想》早一个月，比《迎中国的文艺复兴》所收的最晚的一篇文章《思想建设（下）：论大学教育之精神》（1943.12.5）早10天。《北欧文学》"自序"主要讲在编写《北欧文学》过程中的八点体会，其中有几点是这样的：

> 我深感到在北欧各国都经过一种国民文学的建立期，他们的取径往往是：先由于战争（如一八六四年普鲁士、丹麦之战，如一八〇九年俄罗斯、瑞典之战）而刺激起民族意识的自觉，再由语言学家历史家发掘并清除了本国的语言、神话、民族史诗的真面目（如德国海尔德在一七七八年之提倡民歌，格利姆兄弟在一八一九

到一八二二年之搜集童话，如丹麦阿斯边逊与茅氏在一八四一到一八五一年之步格利姆的后尘，如挪威阿逊在一八四八年之整理文法及在一八五〇年之编订字典，如芬兰略恩洛特在一八三五到一八四九年之恢复芬兰的史诗《喀勒瓦拉》)，然后由伟大的创作家出来，工具（民族语言）既有了，内容（民族情感的寄托）也有了，于是才能结出丰硕的果实。安徒生、易卜生、般生、斯特林堡这些煊赫的名字，没有一个是赤手空拳而来的！在北欧各国的文学里，瑞典稍微落后而寂寞一些，最大的原因也便在当初经过一个时候的语言的混乱（那是由于国外战士之归来，异国教士之广布，及以外邦学者在朝中之充斥），而且没有人对古代民间文艺有着重视，民族史诗也阙如（《厄达》乃挪威民族的产物）。看到这里，我们是深可有所反省而且应当急起直追了！看到这里我们对于像赵元任、黎锦熙诸先生对于语言的工作，像程憬教授对于中国古代神话的系统研究，是不能不寄以很大的期待了！

我深感到各国的文学运动，大学是一个重要策源地。丹麦的哥本哈根大学建立于一四七九年，是北欧文学的重心所在，大批评家勃兰兑斯就在这里发出了指导北欧文学的号音，这不必说；就是成立于一四七七年的瑞典乌普萨拉大学，是磷光派的发祥地，给瑞典的浪漫运动揭了幕，给瑞典的民族文学作了先锋，因而引出高特派之重视民族神话；而挪威奥斯陆大学之成立于十九世纪初，因而有二十五岁的历史派的学者凯塞尔之讲学，促进挪威民族意识的形成，让挪威作家的力量若万马奔腾似的活泼而富有生气，大学的功用有多么大！这就不禁让我们想，大学的真正意义在什么地方，我们应该如何善为爱护并运用了！

我深感到外国作家之解放，之方面多，之受政府的援助，之在国内的重要。古代的宫廷诗人不必说，他们时而为座上客，时而为阶下囚；就是后来的瑞典的摆耳曼，在死时召集了朋友，为他们各自歌唱特殊的友情，表现自己最后的并不衰歇的才华；温耶之当水手，经营实业，从政，做律师；斯特林堡之做记者，做演员，做医生，做电报员，做图书馆员，做舞台监督，他们何等奔放！生活何等丰富！至如斯诺里又是军人，又是外交家，又是学者；阿耳姆吉斯特则广及于哲学、语言、新闻、民间读物、经济、数学。他们方面又如何？但是我们呢？“不离名教可颠狂”，是传统的遗训，现在一有一个人是多面多一点，则所涉及的一行便都群起而忌之，唾之，我们如何能望我们的作家的生活之丰富，对人生了解之深透，并他们那天才之发扬呢？社会上应该宽一点！外国政府，特别如挪威，对于作家的资助，也大可为法。许多作家都是由政府资助，才可以出外旅行，收集材料，获得灵感；易卜生、般生，固然天赋高，这种培养也是要的。说到作家在国内的地位，如般生之代表国民而拍着国王的肩膀，欢迎他就位，这也令人感喟无穷，不重视作家的国家和国民，不唯难以有好作家出现，就是出现了，也难以得他们的泽惠的！

由于篇幅所限，我们只引了部分感想。在这些感想中，最重要的是第一条，第一条中最重要的是“在北欧各国都经过一种国民文学的建立期，他们的取径往往是：先由于战争而刺激起民族意识的自觉，再由语言学家历史家发掘并清除了本国的语言、神话、民族史诗的真面目，然后由伟大的创作家出来，工具（民族语言）既有了，内容（民族情感的寄托）也有了，于是才能结出丰硕的果实。安徒生、易卜生、般生、斯特林堡这些煊赫的名字，没有一个是赤手空拳而来的！”这些感想，不仅是解读长之先生《新年的感想》密钥，对于理解《迎中国的文艺复兴》也是指引。

《迎中国的文艺复兴》是长之先生探讨中国在抗日战争爆发前后的文化走向的文集。他在《迎中国的文艺复兴》的“自序”中追溯了此书的创作过程，“那思索的开始，方是大战的开始，现在书将完成，也是胜利将要完成的时候了”，从1937年算起，“超过了五年了”。但是，他具体而微地论述抗战后的文艺复兴问题，却主要集中在1942、1943两年中，集中在其编写《北欧文学》的前后。比如本书《“五四”运动之文化的意义及其评价》（1942.4.28）及其附录《评〈新理学〉》（1942.9.5）、《评〈新事论〉和〈新世训〉》（1942.9.27）、《评〈新人生观〉》（1942.3.16），《文化上的吸收》附录《论翻译工作》（1942.10.2），《战争与文化动态》（1942.7.6）及附录《再论战争与文化动态》（1943.12.5），《思想建设（中）：大时代中学者应有之反应》（1942.4.25），《思想建设（下）：论大学教育之精神》（1943.5），《新世界新文化新中国》（1942.11.26）。正是对于北欧诸国文化的探讨，进一步激发了长之先生对于中国文化，尤其是战后文化重建的思索，勾起了他对于中国如何在经过"战争而刺激起民族意识的自觉"基础上，复兴中国文化，乃至再现中国文化辉煌的怀想和期盼！从这个意义上说，《北欧文学》自序与《迎中国的文艺复兴》自序可以看作是姊妹篇，可以对读，对于阅读《迎中国的文艺复兴》很有裨益。

当然，不能说《迎中国的文艺复兴》是《北欧文学》简单的后续或催生的结果，它是长之先生对于中国文化和世界文化长期观察、思索、研究的产物。

长之先生是一位学贯中西的学者。在中小学时期，他已经通读了中国的文化典籍。在清华大学期间，在杨丙辰先生的指导下，他通读了德国古典时期康德、歌德、温克尔曼等学者的德文典籍。在中央大学教学期间，他借助英文版阅读了古希腊柏拉图、亚里士多德等人的全集，出版了《西洋哲学史》、《德国的古典精神》、《北欧文学》、《文艺史学与文艺科学》等。他在《论如何谈中国文化》一文中指出，虽然文化问题，人人都可以有意见发表，但是负责任的意见却必须在态度、技术、知识三个方面有所要求，他说："从前人讲治史学，须有才、学、识。后来章学诚又加上还须有史德。德是属于我所谓态度，才和识是我所谓技术所自出，学就是我所谓知识了。不谈中国文化则已，谈也便需要这才、学、识、德四者！"具体说到知识上的条件，长之先生认为："第一，谈中国文化，必须先懂得西洋文化"；"第二，谈文化，便不能忽略民族性"；"第三，谈文化应先把握文化世界中特殊的法则"。因为"糊涂和奥妙，晦涩与含蓄，耳食与独得，迂腐与正大，都往往相去一间"。长之先生列举的这些条件虽然比较苛刻，但确实是心得之言、有识之论。他是具备这些条件的，这也是他在谈中国文化问题时颇为自负之处。

"抗战以来，谈中国文化的特别多"，不少人都在议论中国将来的文化走向，渴望中华民族能够抓住历史的机遇，再现往日的辉煌。这些议论，确如长之先生所说："精彩的固有，'鱼目混珠'的也确实不少。"在精彩的议论中，《迎中国的文艺复兴》不同于政治家的富于煽动性的豪言空谈，不同于一般民众的空泛的热情之议，而是以一个饱学之士理智的研究加上爱国的热情又稍带些许天真和浪漫来谈中国文化。他以此期盼并策划中国的文化复兴，献计于国家和民族。这是大半个世纪之后，我们依然感到《迎中国的文艺复兴》沉重的价值，也是重读其书后敬佩、感慨和叹息之处。

（二）

《迎中国的文艺复兴》共收录了长之先生从1937到1943年写的关于中国文化研究的15篇文章，如果加上附录是18篇。这18篇论文虽然分别写在抗战的8年时间里，却有一以贯之的思绪，就是以"文化国防"为"基本间架"，围绕着期待中国文艺复兴这个主题而编纂排比。同为抗战时期长之先生的作品集，较之《苦雾集》和《梦雨集》，《迎中国的文艺复兴》很大的不同之处，就是它不再是一个时间段落的论文杂俎，书名也不再带有浪漫色彩和诗意，而是有系统、有组织、有明确主题的文章集。

《迎中国的文艺复兴》大致分为五部分。第一篇《论如何谈中国文化》和第二篇《国防文化与文化国防》带有前言和大纲性质。前一篇是体系的，开宗明义谈论中国文化所需要的立场、态度和相关知识。后一篇是历史的，站在"抗战中建国"的立场上，回顾了辛亥革命以来文化方面的进展，认为中国文化上的建设"必须是衔接（不是限于）中国文化传统而后可"。——从而为后面的论述奠定了根基。《国防文化与文化国防》在《迎中国的文艺复兴》中写作时间最早，却包含了全书的种子。

第三篇《"五四"运动之文化的意义及其评价》和第四篇《中国文化运动的现阶段》是继续深化对辛亥革命以来文化发展的趋向进行评述的论文。《"五四"运动之文化的意义及其评价》是长之先生一生最满意的作品之一。在文中，长之先生说："'五四'所象征的时代精神是甚么呢？有人说是文艺复兴，我看并不是。""假若要用一个名称确切以说明'五四'精神的话，我觉得应该用启蒙运动。""'五四'精神的缺点就是没有发挥深厚的情感，少光，少热，少深度和远景，浅！在精神上太贫瘠，还没有做到民族的自觉和自信。对于西洋文化还吸受得不够彻底，对于中国文化还把握得不够核心。”“我们现在业已走上民族的解放之途了，随着应该是文化的解放。从偏枯的理智变而为情感理智同样发展，从清浅鄙近变而为深厚远大，从移植的变而为本土的，从截取的变而为根本的，从单单是自然科学的进步变而为各方面的进步，尤其是思想和精神上的，这应该是新的文化运动的姿态。这不是启蒙运动了。这是真正的中国的文艺复兴！”《中国文化运动的现阶段》则对于辛亥革命以来的文化运动口号表达了看法，长之先生认为在“中体西用”、“全盘西化”、“中国本位”三个口号中，“自仍以中体西用为最少流弊。假若把这认为是正，全盘西化就是反，而中国本位是合。合往往近于正，而超过之。所以现阶段的文化运动，就是近于中体西用，而又超过中体西用的一种运动。其超过之点即在我们是真发现中国文化之体了，在作彻底全盘地吸收西洋文化之中，终不忘掉自己！”

《“五四”运动之文化的意义及其评价》大概是文化界第一次在文化学意义上认真界定“五四”运动性质

的探讨。长之先生向来主张“文艺批评家的态度，无异于自然科学家的态度”。“自然科学家要求事情的真相，文艺批评家亦如之。文艺批评家，是拿了像定性分析的化学家的手段来检定一个作品的成分，是拿了像研究适应的生物学家的注意力，来搜寻作家各方面的环境，就因为如此，他才可以确然不疑地道出伟大著作的实际。”(《文艺批评家要求什么》）本着这种主张，长之先生曾理直气壮地认为鲁迅不是思想家；同样，长之先生在这里认定“五四”运动不是什么文艺复兴运动而是启蒙运动。实际上，长之先生的界定是否准确并不是很重要，重要的是，这是脱离开政治而单纯从学术立场上对于“五四”运动性质的一种判断。由于“五四”运动是中国现当代史的开端，如何界定它的性质，飘扬什么旗帜，自不免与党派的利益走向挂钩；同时，在中国，不少事件性质上的判断不是由学者来做而是由政治家来定的，而一旦判断，便成为定谳，便要舆论一律，保持一致，否定其他。因为这个的缘故，长之先生对于“五四”运动的分析虽然当日发表在《大公报》的星期论文上，影响颇大，但后来便无人提及，只是改革开放后才渐渐被部分学者引用。

第五、六、七、八篇都是论述中国传统文化的。其中最重要的文章是第五篇《中国文化传统之认识（上）：儒家之根本精神》。长之先生认为，在中国，“能够浸润于全民族的生命之中，又能够表现中华民族之独特的伦理价值的”，无疑是儒家思想。奠定儒家思想的代表人物，是孔子，而孔子的真价值，“无宁在他那刚强、热烈、勤奋、极端积极的性格。这种性格却又有一种极其特殊的面目，即是那强有力的生命力并不是向外侵蚀的，却是反射到自身来，变成一种刚强而无害于人，热烈而并非幻想，勤奋而仍然从容，极端积极而丝毫不计成败的伟大雄厚气魄”。长之先生把这称为儒家的根本精神，是中国传统文化学术的真义与价值，是中国历久不变、川流不息的立国精神，并普化到中国任何一个国民的灵魂和血液中。虽然在这之前和之后，长之先生多次对儒家思想有所论述，但《儒家之根本精神》一篇无疑是其中最精炼集中最有代表性的表述。这个表述具有理想色彩，既是长之先生心目中的完美理想的儒家精神，也是他在文学批评中所追求的批评精神和人格的体现；这个表述同时又具有强烈的现实色彩，那是中华民族在抗日战争中所表现出的民族精魂在知识分子中的共识。关于儒家的根本精神是什么，从古至今，有不同的说法，有人说是礼，有人说是等级，有人说是仁爱，有人说是中庸，更有人说是和谐。五花八门，不一而足。也许儒家精神的真相永远也搞不清楚。但在其中发现者、叙述者的真面目和人格，时代的真精神却十分清晰。长之先生关于儒家的根本精神是什么的表述，大概是最能表现抗战中的民族精神，也最能体现中华民族的昂扬人格了。难得的是，上个世纪五十年代，长之先生写作《孔子的故事》一书，在极端情况下，他也依然坚持了这一立场。

第九篇《战争与文化动态》至第十四篇《思想建设（下）：论大学教育之精神》等一组文章谈的是对抗战期间及抗战后的文化政策和思想走向的看法。这些政策和思想走向的探讨基本上都是沿着《〈北欧文学〉序言》的思路进一步深化。比如他在《序言》中“深感到各国的文学运动，大学是一个重要策源地”，而在本书中特别论及大学教育之精神：“大学教育的精神是什么？大学二字的本身已经给了解答。这就是：‘大’和‘学’。”“大是指眼光大，胸襟大，目标大，风度大，体魄和智慧大。”“至于说到学，顾名思义，大学生应该以学为第一位，参加教育的人应该如此，受教育的人也应该如此。”他尤其痛心疾首地强调说：“我们照实而且痛心地说，战时的大学，有时不免和这个理想有出入了。所以我们实在有强调的必要。大学必须恢复其以学为第一位的机构！我们希望现代的青年，不要满脑子在求出路，甚而要打算卖身投靠。学！学是第一。”（《思想建设（下）：论大学教育之精神》）半个世纪之后重读长之先生的这些论断，岂止是没有过时，简直是针对性和发人深省处更强了！

最后一篇《新世界新文化新中国》带有总结的性质，表达了长之先生对于抗战胜利后文艺复兴的期望和理想。他说：“中国近百年来的思想，太偏于理智的了，末流而入于急功近利，投机取巧是无怪的。”“胜利以后的文化运动，我相信可以变一副样子。那将是由清浅而变为深厚，由理智而兼有热情，由启蒙运动式而变为文艺复兴式。”“过去因为国势的压迫，文化上也笼罩上了奴性。今后将为更自主，更民族，更近于自己的传统些。太卑是奴性的表现，太亢也是奴性的表现，骄和谄本是一事。今后的文化运动大概既脱离谄，也脱离骄。我们要的是正常，是健朗，是深厚!”“这次战争以后，世界上自由主义者的自信增强了，中国民族的自信也增强了。”“我们希望人类的理性与尊严，自此得以继续伸张。人类的生活，将可以更快乐些吧。再不要驱逐或压迫天才了，让人类文明更多发挥一点权威，更多贡献一点成果吧。”“就世界说，我现在愿意祝一切为理性，为民主，为自由而奋斗的人的健康；就中国说，我愿意在战后作一个胜利巡礼，重温一温我们的锦绣山河!并在新世界，新文化中，看新中国!”这篇政论文高屋建瓴，恢弘飘逸，在陈述主张规划的同时具有强烈的抒情色彩，就其热情自信而言，颇可作为梁任公《少年中国说》的续篇，而就理智、明晰、深刻、思辨而言，则似乎又稍过之。

（三）

《迎中国的文艺复兴》主体部分写于长之先生在中央大学任职期间，其中许多观点曾与中央大学的学者教授疑义相与析，得到过他们的启发和激赏。他和罗家伦先生讨论过如何谈中国文化，如何看待中国人的人生观，如何评价五四运动等话题；他与方东美、宗白华、唐君毅等先生研讨过如何把握儒家思想的核心，如何评价儒家思想，乃至对于中国古代的审美教育的看法等话题；他对于战时的文化政策的议论及战后文化发展的走向的预想，则和顾毓琇、梁实秋、汪辟疆等先生探讨过。比如宗白华先生在1939年10月8日的《时事新报》“学灯”上发表长之先生的《〈柏拉图对话集〉的汉译》一文时，就在编辑后语中说：“中国人在这次民族自卫战中发挥出一千年来没有过的伟大热情和民族生命力，这预示着我们必有一个伟大的‘文艺复兴’底到来，想象力底复活。”顾毓琇先生在中央大学当校长的时候非常重视长之先生在文化教育方面的一些观点，有时他外出演讲经常请长之先生草拟提纲；离开中央大学后，在1946年任上海教育局局长期间，顾毓琇先生也曾撰写《中国的文艺复兴》小册子，对于长之先生的《迎中国的文艺复兴》一书格外激赏并参考了其中的许多观点。在书中，他多次致意说：“抗战时期，李长之先生印了一本集子，书名《迎中国的文艺复兴》。我们顾名思义，可以知道中国的文艺复兴，像中国的其他革命工作一样，还有待于大家的努力。”

《迎中国的文艺复兴》不是专著，是文集，是长之先生在抗日战争期间陆续对于中国抗战前后的文化走向，尤其是抗战后文化建设的设计和期望的文章结集，因此不是十分系统和缜密，距长之先生自己所定的“客观、体系、思辨、精确”也还有一定的距离。有一些设想，时过境迁，已非畴昔。但《迎中国的文艺复兴》“忠实的求真，不客气的批评，深入的认识与理解”，为中华民族的文艺复兴所做的顶层设计，“眼光大，胸襟大，目标大，风度大，体魄和智慧大”，至今读来，仍然光彩熠熠。

据说历史喜欢和人们开玩笑，尤其喜欢和文化精英们开玩笑。长之先生和他的中央大学的同仁们在抗日战争最艰苦的时日里，充满信心地预见到中国抗日必将取得胜利，热切地渴望以此为契机，迎接中华民族的文艺复兴。《迎中国的文艺复兴》是在 1944 年 8 月出版的，在这之后，长之先生还曾陆续围绕着文化建设的问题发表看法，为抗日战争胜利后的中国文艺复兴喝路。重要的文章有《政治家的培养》、《改革应在大处》、《传统精神与传统偏见》、《战争与时间观念》、《从人才的缺乏说起》、《保卫“五四”、发扬“五四”与超越“五四”》、《论大学校长人选》等（以上文章均收于《李长之文集》第一卷），都可以看作是《迎中国的文艺复兴》的流风余韵及补充论述。其中《保卫"五四"、发扬"五四"与超越"五四"》尤可看作是对《迎中国的文艺复兴》出版后的感言和更深入的思考。

今年距离《迎中国的文艺复兴》的出版过了大半个世纪，长之先生也早已离开了我们，原来的出版者商务印书馆有好意要再版此书。回望历史，我们竟仍处于需要急起直追的时代，"五四"时"卑之无甚高论的两个平凡的口号：要科学，要民主"仍需要重温，仍需要时时耳提面命以防被遗忘，"五四"以来文化上最大的成就依然是自然科学，真是令人感慨系之。中华民族是一个多灾多难，能吃苦，善忍耐，艰苦奋斗，但从不轻言放弃的民族。我们曾多次失去了复兴往日文化辉煌的机遇，在进入21世纪之后，在面临亟待进一步改革开放的大潮中，我们仍需要从《迎中国的文艺复兴》中继续汲取营养，同时也渴望有新的迎中国文艺复兴的著作出世，接续长之先生的理想，为新世纪中华民族的文化建设工作献计献策！

目 录

附　录

自　序

有人写序文，在书成之后；有人写序文，在书成之前。我这次写序文，却是在书成之间。

这书的名字，变化了许多次，这书的形成，也经过了不少时。

就在“卢沟桥事变”刚发生后的十几天，我离开了北平，日子是二十六年七月二十号。我那时一方面怀了一个渺茫的幻想，以为事情几天就会过去，一方面又下意识地认为一时恐怕没有了局，在匆迫与焦灼中，我把应用的书稿分了两类，一类是必需的，我想尽可能地携带，一类是次要的，就想丢弃。谁知既经上了车，去检点时，才知道装错了，必需的书稿反而遗下。我懊恼万端，所以一离北平就想恢复我的藏书和一些写作大纲。但是当我在济南的寓所里坐定下来了的时候，却并没有怎么动手。

一直到八月十一号，这已是上海大战的前夕了，我应约到昆明去，于是重上了征途。这次在南下的车上，空气十分清爽，脑筋也格外清醒，因而就铺开纸，重新想恢复我一些已失的思想头绪了。首先写出的是《文艺批评之根本原则》一书内的一些小题目，自己觉得很高兴。而且那时想，没有参考书和底稿倒是一个大解放，我自己可以自由地把幻想驰骋下去。又要想恢复《孟轲之学》一书内的什么节目，却终于有些茫然。然而不期然而然地，却写下了三个大纲：一是《论国家情感》，二是《国防文化与文化国防》，三是《文化之根本原则》。这都是二十六年八月十一号在车上的收获，但有的到最近写成文章。——现在说话，是已超过了五年了。

我在八月十二号到了南京。次日即是“八一三”。十五号，南京开始遭到空袭。这时我没有在车上时那么悠闲了，既没写作，也没继续思索。十九号是南京遭受空袭颇为严重的一天。我看到由南京到上海而香港而昆明的路线已经无望了；于是在二十号即离开南京，转往汉口。自此由粤汉路直下，到了广州，取道香港，搭轮赴海防，由海防到了昆明。到昆明的时候，已经是九月七号。这一路上，都因为扰攘不宁，一个字也没计划。在昆明差不多一年，除了把《文艺批评之根本原则》时时有所补正，觉得比在北平所思得的或者还完备些以外，其他任何思想工作也没进行。以前在车上写下的那三个大纲，也并没动笔写成文字，只是有时自己翻出来呆看一下，又收起来而已。至于我要恢复的书籍更可怜，只恢复了五种，只是幸好这其中有逖尔泰（Dilthey）那本可爱的名著《生活体验与文艺创作》（*Das Erlebnis und die Dichtung*），有席勒的《哲学论文集》，有莱辛的《拉奥孔》，多少解了点渴。

在二十七年的五月二十九号，我离开了昆明，每在旅行的时期，我的思想总是活泼些。途中重读《论语》数过，一方面感到“仁者不忧，智者不惑，勇者不惧”的伟大，一方面感到“苗而不秀者有矣夫，秀而不实者有矣夫”的深切，前者给我鼓励，后者使我戒惧。我同时也便重想到许多文化问题。“国防文化与文化国防”这题目便重又跳在我的心头了，我深切觉得偏颇的杀人的国防文化害了多少人。中国的读书人都应该勉为文化的长城，负起文化国防的重责，让文化国防是目的，国防文化是手段，本末千万不可倒置，倒置了就会把文明的二十世纪又驱入中世纪了！在我到达了贵阳，在贵阳留住了十来天的时候，逢巧尚传道诸兄创刊《建国评论》，遂在匆促间把此意写成。这可以说是现在所收的这集子中最早的一文，作的日子是二十七年六月十二号，执笔于嘈杂的小旅馆里。

我于是打算就“文化国防”一个题目写下去，成为一本小书。那些基本观念，到现在并没有变：如对于中国传统文化的看法，如对于“五四”文化运动的估价，如对于未来的文艺复兴的期待等，都是。

这一年的七月，我经过重庆，到了成都。当时便计划着续写《如何建设文化国防化》，其中一部分意思就是后来所写的《论国家民族意识之再强化及其几个具体方案》。

同年十一月，我又回到重庆，一直到现在，很少移动过。这其间所写的文字，除了关于文学理论和文学批评者外，就是多少以这个基本间架为出发了。

但是当我慢慢看到，不，是意识到，中国的抗战已经胜利在望了，于是想到战后的一切建设。在那百废待举之际，文化的建设岂是可以忽略的？在我们这不能执干戈以卫社稷的人，似乎至少应该对文化建设的问题贡献一点意见。这样一想，便一度想把书名改为《建设的中国文化论》。然而觉得太泛，代表不了书意。我的中心意思，乃是觉得未来的中国文化是一个真正的文艺复兴。“五四”并不够，它只是启蒙。那是太清浅，太低级的理智，太移植，太没有深度，太没有远景，而且和民族的根本精神太漠然了！我们所希望的不是如此，将来的事实也不会如此。在一个民族的政治上的压迫解除了以后，难道文化上还不能蓬勃、深入、自主，和从前的光荣相衔接吗？现在我们应该给它喝路，于是决定名我的书为《迎中国的文艺复兴》！

我曾经向许多青年，热切地说过我这愿望。我愿意我指出的这文艺复兴的征兆终于不虚！

我在五年前车上所写下的大纲，现在都多半发表成文字了。那思索的开始，方是大战的开始，现在书将完成，也是胜利将要完成的时候了。我的朋友吴组缃兄曾劝我不要写这类的“政论”文章，是的，我这一套的意思发表完了以后，我就一定告一结束，还是专治自己的文学理论和文学批评了。然而对于中国的文艺复兴的期待的热情却是决不会冷却的。

三十一年九月九日，长之记

一、论如何谈中国文化

（一）

文化问题，是人人可以有意见发表的问题；却正因为人人可以有意见发表，所以上智下愚的看法，有时便不容易分别。糊涂和奥妙，晦涩与含蓄，耳食与独得，迂腐与正大，都往往相去一间，在抗战以来，谈中国文化的特别多，这些谈中国文化的论调之中，精彩的固有，"鱼目混珠"的也确实不少了。

如何才能分辨何者是珠，何者是鱼目呢？这要看三方面：一是态度，二是技术，三是知识，详细的说明在下面。

（二）

在态度上，我们要求的是：第一，不能把问题看得太难或太易。看得太易的人是随便说话，说些捕风捉影、隔靴搔痒、不三不四的话。这样的结果，是使人对于那些真正有洞见、有根据的论调也不乐意去睬了。看得太难的人，则是自己不说话，又不让别人说话。他们说文化问题是根本不容易谈的，谈也不能得什么结果。这影响便是封闭了探讨的通路。我们认为，文化问题当然可以谈，但是不能随便谈。诚然我们不能把文化中的各部门都点点滴滴地一丝一毫涉猎过，然后再去综合，这样便真正是生也有涯，知也无涯，“以有涯随无涯，殆已”（《庄子·养生主》）了。但是一叶知秋，究竟也还是可以作到的。大凡我们研究文化问题，总要有哥伦布那样本领，看见一点木片，就可以推测出一个大陆来，文化上有许多现象，我们可以觉而知之，正如冯友兰先生在《中国哲学史》序上说的“为天地立心，为生民立命，为往圣继绝学，为万世开太平，乃吾一切先哲著书立说之宗旨，无论其派别如何，而其言之字里行间，皆有此精神之弥漫，则善读者可觉而知也”。不过可注意的是“善读者”这三个字，这就是并非不可谈，但又不能随便谈了，在任何学术的讨论上，怀疑主义者和独断主义者都是不能成事的，文化问题不是例外，我们希望的是，有慧心而又有耐心的人，以高度的综合能力，配合上缜密的思考，复加上学识，然后再给我们谈文化问题。

第二，我们要求不要预存主奴之见。妄自尊大固然不好，处处觉得下人一等也不必。我们要求公平！对别人公平，对自己也要公平。不必遮掩，不必庇护，也不必作虚伪的谦卑！妄自尊大是一种冬烘式的头脑，这种头脑最不堪一击，就是那自尊心也是非常脆弱的，一旦幻灭，就会一变而为自卑了。处处觉得下人一等则是一种“高等华人”式的姿态，说得再不客气一些，就是一种洋奴的身份而已，他所衡量中国文化的，只是从居室的卫生设备，或者服装，或者刀叉（而不是筷子！），或者几句洋泾浜上来立论，于是看到中国的便只有愚、贫、脏、弱、私……了。冬烘的毛病是妄，妄是一个趋于极端的表现，因此便很容易从这个极端一变而为另一个极端。所以我说他们容易由自尊变为自卑。变为自卑当然也不好，然而经过一番反省，对人对己都未始不有少许益处。“高等华人”则不然，他们的毛病是浅，浅是不会有什么转变的。因此，“高等华人”式的文化观于己于人遂都无甚助益。而且妄的人，使人容易觉察他的错误，浅的人就容易蒙蔽一般人。可见“高等华人”式的文化观之为害，殆尤甚于冬烘式。自尊者妄，自卑者浅，我们既不要妄，更不要浅，妄和浅的最大坏处，就是不容易得到事情的真相。一般谈中国文化者之不得中国文化真相，坐于此者正不少。章学诚说："是非只欲其平，不欲其过"，妄和浅是都容易过的！

第三，我们要求说明与价值分开，价值与“是否可仿效”也要分开。一般人在这点上常不能辨析，例如以为孔子是封建时代的人物，所以他没有价值了，殊不知孔子之为封建时代的人物只是一种说明，说明是并不指高下的。价值的标准却是另有所在的。试看同是封建时代的人物，何以并非人人都和孔子一样伟大呢？其他各方面的说明亦然，或则阐明其地域，或则解释其种系，或则陈述其交游，这都与孔子的本身价值无关。说明只关系事实，其中本无价值判断，亦并不能作为价值判断的根据，又有人以为有价值的就是应该去仿效，或者应该再现的，这也是不对的。这是因为一事之是否该仿效，是否该再现，是除了那件事本身的价值问题之外，还另有许多因素，这些因素乃是在从前那件事初发生时所并不一定存在的，例如文言文和律诗，我们一方面要承认它的价值（文言的价值在以人工语言代替自然语言，而能达到纯形式的艺术的地步；律诗的价值则在发挥一种建筑性的美），但我们另方面却殊不必因此就去拼命提倡文言文，拼命作律诗，这是因为好些其他因素为以前所不存在者现在是存在了。我们的社会变动了，文化姿态改换了，我们没法给文言文再打强心剂。文言文的前途既暗淡，律诗就难以维持。然而我们却非因此否认文言文和律诗的价值。在普通人于此每每混淆；或则认识一种东西的价值，即以为我们应该重作；或则因为发现了我们不能重作，即否认其价值。其实：价值是价值，可否仿效是可否仿效。没有价值的，固然不值得仿效，有价值的，却也不一定都可以仿效。总之，说明，价值，可仿效，干脆是三件事。假若这三者混淆，就没法谈文化问题。说明要客观，从说明而定价值，则评价不切实。说明是不免沾滞于事实之内的，评价却需要居高临下，站在圈子之外。因此由评价所定的说明，那说明不免歪曲；据说明所作的评价，那评价常失之浮浅。至于是否可仿效，须要顾及实际，因此假若由评价而定仿效与否，便不免忽略许多实际牵掣，从前人所谓迂阔，正是此类；假若由可仿效与否而定价值，则蔽于实际，所得不免鄙近。我们不反对综合，但是反对混淆！观点的混淆，尤其是一切理论的致命伤。

以上三者，都是关系态度的。

（三）

在技术上，我们要求的，则是：

第一，谈一国的文化时，须就其最高的成就立论，而不能专就低处看。文化是人类精神活动的最高的也是最后的结晶，只有这，才是文化。假若像战前那个日本人内山完造所著的《一个日本人的中国观》似的，只知道杭州人之随地便溺，只知道中国人喜欢拿回扣，还谈什么中国文化？无怪乎日本人对于中国文化始终隔膜，无怪乎这书由小汉奸尤炳圻译了过来；只是我不懂为什么书局还销售这本书，政府也不禁？假若只从低处论文化，恐怕法国的文化只剩了咖啡座，德国的文化只剩了笨听差（像屠格涅夫的小说所描写），英国的文化只剩了烟斗！这样当然不是我们所要求的。我们所据以衡量法国文化的当然是笛卡儿与卢骚，据以衡量德国文化的当然是康德与歌德，据以衡量英国文化的就是牛顿和达尔文或者莎士比亚了。谈中国文化时又何独不然？我们不谈则已，谈就必须就孔子、屈原、司马迁、杜甫、李白、吴道子、王羲之、朱熹、倪云林、王阳明等人所成就的看，决不能就一般没有知识，没有教养的人的成就看。站在高级，可以了解低级；站在低级，却不能够了解高级，我们把最高的成就明白了，对于许多通常的平凡的现象，倒未始不可以更容易地把握其意义。反之，却一定大有困难。从儿童的生活而推成人，从初民的生活而推文明人，从下等动物而推人类，这都有不可避免的危险。然而这些危险都多少还有学术基础。至于像内山完造那样，就不知道荒谬到什么地步了！

第二，看一国的文化时，当用望远镜而不当用显微镜。原来有许多事情，太逼近了，反而不容易了然。只有在某一种距离上，才可以窥见全豹。就空间上说，当我们逼近一个较大的对象时，往往只看见其一枝一节，假如要得到那轮廓，是非站在某一种距离上不行的。就时间上说亦然，所以凡是没构成历史上的距离的事件，我们都很难以把握真相，许多人讲文化，往往用显微镜的方法，结果就会只见枝叶而不见树，见树而不见林了。殊不知文化是一个大问题，必须放在某一个距离上，然后用望远镜去看，才能得到它的整个面貌和远景。地球是圆的，但这也以月蚀时反映在月亮上的地形为最显，假若只斤斤于目前所踏的一二尺地面，又如何能见其图？

第三，涉及的方面当力求其广。文化是有机的，是有统一性的，它表现于许多方面。谈文化的人，应该把这各方面都贯串起来。例如假若我们不明白魏晋时的人的谈话里是那样简括玄澹，我们如何能明白陶潜的诗之"文体省净，殆无长语"？假若不知道当时的胡僧像帛尸梨密多罗之高简潇洒，我们如何能知道所谓魏晋人风度的来源？宋人的诗那样平淡，假如不看当时的山水画以及瓷器，也如何能晓得？

第四，综合的能力当力求其高。换一句话说，这就是需要哲学的头脑。涉及的方面既广，就容易泛滥而无归，所以必须有一种统摄驾驭的气魄。散漫的事实是没有价值的，价值在贯串这些散漫的事实之背后的意义。寻求意义，就必须有一种哲学训练。

第五，讨论文化时当分别何者为偶然的现象何者为必然的现象，我们的理论当建筑在后者而不是前者。柏拉图在讲妇女问题时，曾这样说，假若男女的不同，只是像一个秃头的人和一个不秃头的人那样偶然的不同，那么，他们所负的责任就不该不一样了。这是一句很可解颐的话。我们探讨文化问题时，更该注意这一点。假若所根据的全是偶然成分，那就很容易立论不稳。

以上五者，都是关系技术的。

（四）

最后在知识上，则我们要求：

第一，谈中国文化，必须先懂得西洋文化。这是因为否则就不会知道何者是一般的现象，何者是中国所特有的现象。假有一件事情是各民族所共同有的，而犹以为新的，岂不可笑？否则明明为中国所特有，但是犹以为是一般的现象，那岂不也可惜？具体地举几件事说：例如中国古书在从前是不加标点的，但这不是中国所独有的现象，西洋中世纪的古书也都是不加标点的。又如中国过去女子的生活是以家为中心的，知识也是很有限的，其实古代希腊也是一模一样，所以许多人要谈心时只好求之于年轻美貌的男孩。再如医学，中国有些人动辄说中国的医学的特点是从人的整个出发，而西洋人的医学则头痛医头，脚痛医脚，在用药方面，中国的药是整个的自然物，如川贝母、甜甘草，而西洋的药则为分析的、提炼的；殊不知在希腊名医希波克拉提斯时代的医学，观点也是从整个人出发，用药也是用自然原物，而不加分析提炼。更如常有人说中国人不守时候，没时间观念，这也是冤枉的，原来世界上凡是机器文明还没发达的地方，都是不守时候，都是没有时间观念的（此点系从前由冯友兰先生在谈话时提及）。假若不知道西洋文化，我们如何能分辨哪些现象是我们可傲的，哪些现象是我们可以解嘲的呢？单为树立对于自己的文化的自信计，也需要先知道西洋文化演进的一般状况。闭门造车的冬烘先生反而是不会有坚强的自信的。

第二，谈文化，便不能忽略民族性。民族性可说是精神史上的一些元素，像化学上不可再分析的一些元素然。著有《德国种族的和地域的文学史》的著者纳德勒说得好，种族者是无论在生理上、精神上、心灵上不能再加分析的一个单位，其带有决定性的特征表现在富有创造性的个人上，可视为种族的性格之代表，每在几世纪之后，仍在同一种族中再现。他又说，种族是具一种原始天性的，此原始天性复为一地域所影响。地域是很重要的，“地域者并不是一个偶然投掷的广场，却是一个全然一定的人类种族之营养所，之躯壳，之保姆；从血统与土地而出，那最神圣的、最鼓舞的东西，升腾在金碧辉煌的空气之中，在精神科学里，原来也需要一种分光术！”纳德勒这话，确有几分不可动摇的真理。只要是“歌于斯，哭于斯，聚国族于斯”的地方，自能形成一种特殊精神的面目。文化当然有交流，但是传统的力量也是决不可轻估的，有的人只认为文化有进化阶段的不同，并没有民族的差异，其实这是抹杀事实的。这种一偏的唯物史观，毫无是处，一班学生尚且可以构成班风，一校学生尚且可以构成校风，为什么一个民族，而且是数千年来“歌于斯，哭于斯，聚国族于斯”的，难道没有国风吗？国风就是文化传统，就是民族性的表现。也许民族性的构成，是靠一些偶然因素，但是既经形成之后，就有决定的力量了。这一点是无论如何也不能忽略的。

第三，谈文化应先把握文化世界中特殊的法则。不论文化则已，论文化便须注重在精神而不单看到物质。物质是躯壳，精神才是那意义所在。我说过，文化是人类精神活动最高的也是最后的结晶，因此谈文化便只有向人类最高的活动去探求。我敢大胆地说，人类历史的重心是文化史，而文化史的重心当是艺术史。所以然者，艺术乃是人类精神活动的顶点故。在这里，我却不能不点明了，谈文化的人必须知道文化史有一种特殊原则为一般历史所不能概括者。例如一般物质的进化，往往是今胜于古的，但是最高的精神活动却并不然，希腊的雕刻，文艺复兴期的绘画，屈原的《离骚》，晋人的书法，后人并不能超过他们。物质的进化也许是没有止境的，是只有一个向前的方向的，精神的最高活动却可以止于至善，过此以往，却只有堕落。唐诗，宋词，元曲，都可作如是观。此其一。又如物质的进化是渐渐而至的，精神的最高活动的成就则往往突然而来。楚辞以前并没有什么好作品，但是屈原一登场就很好。古诗十九首以前并没有好些五言诗，但是十九首一出现就很精彩。这些事实的说明绝对不能以拘于物质的器用的进化的观点来限制。此其二。再则文化虽然有过去，但是可以转化，可以投胎转世。例如汉人的玉器虽然不见了，但是可以转化为宋人的瓷（采邓以蛰先生说）。就这点说，文化的灵魂也可以说是不朽的。此其三。文化终究是有机的，它有成坏灭空，讲唐诗的人曾分为初盛中晚。其实何止唐诗？宋词有这几个阶段，希腊雕刻也有这几个阶段（参看温克耳曼《古代艺术史》）。这几个阶段就像生物的生老病死一样的。这也是与物质的器用的进化所不同的。此其四。文化世界内之独特的原理原则当不止此，这些原理原则如果不能把握，人便不能谈文化，当然也不能谈中国文化。

以上三者，都是关系知识的。

（五）

有这样的态度，技术，知识，然后才可以谈中国文化，否则便不能谈中国文化。

从前人讲治史学，须有才，学，识。后来章学诚又加上还须有史德。德是属于我所谓态度，才和识是我所谓技术所自出，学就是我所谓知识了。不谈中国文化则已，谈也便需要这才，学，识，德，四者！

人类历史虽然妄占了不少篇幅，但除了文化史，实在没有什么。中国文化，自有她优异的所在，在某一时也许不为一般人所认识，但世界局面一旦真正澄清了以后，想一定有欣取其独特价值者！也许像爱情一样，爱的价值与其说在被爱者不如说在施爱者，了解文化亦然。了解一种文化时，与其说价值在被了解者，不如说在了解者，所以温克耳曼、席勒、尼采，所了解的希腊文化并不同。但这何碍于这些了解者的价值？真正发现一种古代文化的完全真相也许是不可能的，只是在这发现之际，就可以表现一种发现者的人格了。就是这种发现者的人格，可以形成一运动；可以产生很大的价值。因此，了解包含一种精神上的共鸣，了解即是创造。假若中国在不久的将来，能完成一种文艺复兴（文艺复兴是对过去的中国文化有一种认识，觉醒，与发扬）时，那么，我们对于中国这文艺复兴也正是作如是观！

三十一年八月三日于渝郊

二、国防文化与文化国防

（一）什么是国防文化？什么是文化国防？

国防文化与文化国防不是一回事，现在人谈国防文化者多，谈文化国防者少。二者不是一回事，但并不是说二者彼此没有关系，倒是关系非常密切，国防文化正是以文化国防为基础。

什么是国防文化呢？就是由国防观点而树立的许多文化事业。古人所谓坚甲利兵，现代人所谓飞机大炮，可以说都是国防文化，因为这都是以国防为目的的。推而言之，现代有些国家的人类学、地理学，只在证明本国人是最优秀的人类的（见盛成先生文），只在证明某些地方是原属于本国的（例如日本人在中小学中所施的地理教育），也都是国防文化，因为这也是以国防为目的的。

什么是文化国防呢？就是由文化观点而看到文化价值，而想到必须采取的许多保卫手段和方法。在这许多手段和方法之中，国防文化当然不失其为非常重要的一种，但是这不是唯一的。凡所谓文化价值，乃是指较为经久的价值的，也是靠本身而存在的价值的，所以这不是只凭坚甲利兵，或飞机大炮所能济事的。这好比一个伟大人物遇见暴徒要欺侮他了，他自卫的方法当然离不了体力或武器，但是他之所以伟大以及如何保持其伟大人格，就不只是体力或武器所能济事了。体力或武器只能保持一个人的身体，单靠它，却不能保持一个伟人的人格或精神，国防文化之对于一个民族也是如此的。不错，倘如一个人不能保持其身体，其人格或精神也就无所寄托，但不可忘记的是，身体只是一个人之所以实现其人格或精神的手段，体力或武器又只是保卫其身体的手段。国防文化的意义也就在此，它是一个民族所以生存的手段，而一个民族的生存，又是一个民族所以实现其文化或精神的手段。国防文化是从民族的生存出发的，文化国防是从民族的文化或精神出发的，二者出发点不同。同时可以看出，国防文化是偏于物质的，是科学的、政治的、经济的、军事的问题；文化国防乃是偏于精神的，是思辨的、哲学的、伦理的、价值的、文化的问题。二者的性质也不一样。所以我说二者是两回事。

就现在世界上的情势看，没有一个国家不曾注意到国防文化；甚而可以说，没有一个国家不是在这上面万分积极的；倘若不怕人说是过分的话，我敢说，现代的各国文化，都是国防的文化。中国是一个弱国，处处受人欺侮，所当急起直追的，当然也就是在这方面，这是毫无疑问的。

不过，我愿意请问：我们为什么要建设国防文化呢？国防当然是为了保卫，但我们所要保卫的是什么呢？保卫当然是因为有价值，那么，我们就又要问，我们的价值究竟何在呢？我们是不是空空洞洞的，为国防而国防呢？只有国防，是不是会一旦自问到底为什么而有答复不出来的一天，而动摇，而失却自信，先前所有的国防，乃形同虚设呢？究极了说，国防完备了，巩固了，这个民族究竟有没有价值，是不是便可以立刻作肯定的答复呢？为国防而不惜抹杀事实，遮蔽真理，像我们方才所说的人类学、地理学那样，是不是我们所愿意做的呢？

倘若我们把这些问题在心上闪过一下的话，我们就不能不觉得国防文化还应该有一种更根本、更清楚、更正大、更永久的出发点，我们乃是为一种永久的文化价值而奋斗，这种文化价值乃是为我们所了解，所热爱，又是养育我们于其中的。

只有国防文化，结果会造成人类的罪恶，会蔑视了文化的价值，就是国防文化本身也会因失却自信，而动摇，而形同虚设。

所以，我们要有文化国防！从文化出发，我们不会造成人类罪恶，我们不会蔑视文化价值，代替残暴的乃是和平，代替愚昧的乃是正义。为文化价值而战斗，这种战斗是有意识的，只有在这种根据上的战斗是能够持久的。

我不是非薄国防文化，只是说我们更不要忘了文化国防。后者是目的，前者是手段。非有国防文化，不足以保障文化国防，非有文化国防，不足以使国防文化走人正轨，而有所附丽。二者虽有本末之殊，但是关系非常密切，所以我说国防文化乃是以文化国防为基础。

这样看起来，就可见文化国防在现在中国是很根本而且很急切的了。关于国防文化，我愿意敬聆军事专家、科学专家、政治专家、经济专家的设计和意见，我没有多谈的资格。现在只谈文化国防。

（二）对于中国真正“文艺复兴”的期待

我记得，在平津文化机关将要南迁的时候，《大公报》的记者便曾在社论中劝大家镇静，有劝当时的学者勉为“文化长城”的话。文化长城！这是多么动人的一个字眼！在说文化长城的时候，我们实际的长城还没有完全入于敌手，现在所称的国防前线，在那时却还在遥遥的后方，在悲愤不能自抑之中，我所要说的，也无非仍是“文化长城”四个大字而已。不过，这个长城并不只是地理的，更重要的，乃是心理的，这个长城也不只是一时的，更重要的，乃是永久的。

现在我们有一种很好的觉醒，就是所谓在抗战中建国。其意义无异于说，我们在非常时期中，就同时把常时的许多经久大业，也一并完成起来。这实在是应当的。文化应当是这许多经久大业之一，而且应当是其中最重要的之一。

中国自从一九一一“辛亥革命”以来，政治上是经过无数的变革了，但在文化上，我始终觉得是贫弱和空虚的。一般人所认为不得了的“五四”运动，我以为其意义之重大，也无宁在政治上，换言之，也无非在民族解放斗争上，就文化学术言，倘若我们加以分析的话，这“五四”运动及其以前之潜流，并以后之余响，其最大的成绩乃是自然科学的成绩；社会科学次之，哲学文学等，都一直是荒芜的。当时的两大口号，一是德先生，就是民主，一是赛先生，就是科学，而且限于科学的狭义，所谓自然科学。我们最早的学术团体，就是科学社，以后有静生生物调查所、地质调查所、中央研究院等等，都是侧重在自然科学的（中央研究院虽有历史语言考古诸组，但也都用自然科学的方法，当作自然科学的对象去研究），我们在近二十年来所能向世界学术界稍稍争长论短的，也不过是地质学、生物学、考古学，等等而已，我们在近二十年来所造就的学者，在学术界上有些地位的，也不过是翁文灏、丁文江、李仪祉、胡先骕、秉志、李济、竺可桢、董作宾、李四光、吴正之、郭任远，诸位自然科学家而已（郭虽研究心理学，但其心理学无宁属于生理学和动物学，所以也等于属自然科学范围内），所以没有问题的，假若说“五四”运动是一个文化运动，而且在学术文化上有点成绩的话，这个运动乃是自然科学的运动，其成绩乃是自然科学的成绩。“五四”运动当然不只指一九一九年五月四号这一天的运动，乃是指自中国接触了西洋文化所孕育的一段文化历程，“五四”不过是这历程中的一个指标。

“五四”运动的性质既如上述，是一个自然科学的运动，所以，倘若她在文化史上有意义的话，乃是一个启蒙运动（Aufklärung），所谓德先生、赛先生，所谓“有什么话，说什么话”，所谓“大胆的假设，小心的求证”，所谓“生活要问一个为什么”，这些清浅而理智的色彩，无不代表“五四”运动之为启蒙运动处。

我不赞成用“文艺复兴”来称呼“五四”运动，“五四”运动只是一个启蒙运动。我觉得，西洋文艺复兴的意义，简截地说，只是希腊文化的觉醒，申言之，只是西洋人对于其文化传统的再认识，这种运动因为是以希腊文化为背景的，所以根深蒂固，源远流长，中间经过中世纪表面上的黑暗压迫，其实却是在那里培养灌溉，所以一发便是灿烂光华，照耀千秋。“五四”

运动却不然，试问我们的文化传统在哪里呢？我们所复兴的是什么呢？而且，我们究竟所复兴的是西洋的呢，还是中国的（姑不问是否彻底）？当时对于中国文化的传统之认识如何呢？态度又如何呢？我们是虚心地、切实地研究过，还是一律加了封条，说是封建思想，扬言打倒孔家店，徒快一时之口而已呢？这都是不必深问而尽人皆知的事，以那样的认识、那样的态度，我们如何能和西洋文艺复兴相比呢？

我不否认“五四”运动是一枝鲜艳美丽的花，但是，这枝花乃是自别家的花园中攀折来，放在自己的花瓶中的。因为没有源头，因为不是由自己的土壤培养出来的，因为不是从大地的深层，从植物的根本上开放出来的，所以很容易枯萎，而不能经久。我们当然看了这种花不满足。我们并不是抱了成见，觉得别家花园中的花不好，但是我们知道假若我们园子里也有好花，为什么不勤加爱护和培植？我们为什么不注意土壤、气候和地带，而硬要栽置不相宜的植物？土壤、气候和地带，这不是一天半天的事，只是在瓶子里插一插就快意了，这岂不是太单纯了？

我们正是希望根深蒂固、源远流长的一种文化运动，正希望那是在培植已久的土壤中冒出来的，正希望那是在根深叶茂的大树上开放出来的。这才是真正的文艺复兴，我们以最大的热情期待着！

在这种意味下，我们愿意有文化上的主流，我们愿意有思想上的重镇。“五四”时期的荒芜可怜相过了，希望现在能够代以欣欣向荣的繁茂盛况。清浅而理智的，在过去已有了它的意义和贡献了，我们却希望更深厚、更热情的文化新页早些开始。倘若我们再不要只是瓶中的插花了，那就必须是衔接（不是限于）中国文化传统而后可。为保卫中国这种文化传统而奋斗，就是我所谓文化国防。在抗战中建国，在建设我们的国防文化中，建设我们的文化国防！

二十七年六月十二日于贵阳

三、“五四”运动之文化的意义及其评价

（一）并非文艺复兴

历史上的日子和人物，都是象征的。这就是说，它们是时代精神的一种符号。有的以为历史上的日子仿佛是把前后划然为两似的，这自然是错的；但若以为历史上的日子绝无意义，也是不对的。历史上的人物亦然：我们一方面虽不承认其有转天运地的力量，但另方面却也并不否认其代表的价值。从这个观点，可以看“五四”。

“五四”所象征的时代精神是甚么呢？有人说是文艺复兴，我看并不是。这个时代还不够文艺复兴。因为，文艺复兴的意义是：

一个古代文化的再生，尤其是古代思想方式、人生方式、艺术方式的再生。

——据德国 Meyer 词书

在欧洲所谓古代文化，就是指的希腊。西洋的文艺复兴造端于一二〇四年的第四次十字军战争，因为君士但丁堡为十字军占领了，于是西方学者得窥希腊的宝藏。后来加上诗人但丁和小说家布喀修等的热心提倡希腊文学，更加上一四三八年拜赞庭教廷派人到佛劳伦斯去调和两教会之争，因而将东方古典文化无意间做了宣扬：迨一四五二年君士但丁堡陷落，许多古典学者逃往义大利，于是义大利乃成了近代文艺复兴的大本营。对于古典文化真面目的发掘，此后遂与日俱进，所以在一七六四年而有温克耳曼之《古代艺术史》，发掘的是古典雕刻，在一七六七年而有莱辛之《汉堡戏剧论丛》，发掘的是古典艺术理论，余波甚而到了十九世纪前半，于是有拉布鲁思特（H. Labrouste）和奔鲁思（F. C. Penrose）在发掘着古典建筑。这都是一线相承的文艺复兴精神。他们主要的收获，是探知了希腊古典文化之最内在、最永久的部分，这就是人性之调和，自然与理性之合而为一，精神与肉体之应当并重，善在美之中，每个人应当是各方面的完人等。用一个概括的名词说，就是人文主义。非常健朗，和谐，完美，而充实！

可是中国的“五四”呢？试问究竟复兴了甚么？不但对于中国自己的古典文化没有了解，对于西洋的古典文化也没有认识。因为中国的古典时代是周秦，那文化的结晶则是孔子，试问“五四”时代对于孔子的真精神有认识么，反之，那时所喊得最起劲的，却是打倒孔家店。至于西洋古典文化的最高成就应该是柏拉图，而柏拉图的价值则在“玄学”，则在建立一种“人生观”，然而这也和“五四”时学者的好恶相反。“五四”时代的人生观（假若有），也是机械的，实用的，所谓“黑漆一团”的，这和古典精神中之求真善美的人生观，更根本相刺谬。古典的艺术，是重形式，讲和谐，有节制，可是“五四”时代又有那种艺术是这种精神呢？况且在中国的绘画、书法、建筑、钟鼎、玉器、瓷器、音乐、散文、诗歌中的美感和美学，又何尝有新了解与新认识？

假若文艺复兴真是古代人生形式、思想形式、艺术形式的再生时，“五四”精神却无一于此，如何能叫它是文艺复兴?

或者有人说文艺复兴的意义并不在古代文化的再生，因为这样说便未免太皮相了，文艺复兴的真意义乃在新世界与新人类的觉醒。

然而新世界的觉醒须有新的天文学的发现，这在西洋便是哥白尼、凯普勒开其端。而新的天文学的发现，则仍基于一种新的宗教性的热狂。可是中国呢?清浅的“五四”精神和这也太远。新人类的觉醒吧，这也是基于一种新的形上学或对于人生问题一种深挚的吟味，这更不是“五四”时代的精神所能容。因此，即便把文艺复兴看作是新世界与新人类的觉醒，“五四”运动也说不上文艺复兴。外国学者每把胡适誉为中国文艺复兴之父，我却不能不说是有点张冠李戴了。

（二）乃是一种启蒙运动

假若要用一个名称以确切说明“五四”精神的话，我觉得应该用启蒙运动。

什么是启蒙运动？我们可以借用汉斯·吕耳（Hans Rol）的话：

> 启蒙运动乃是在一切人生问题和思想问题上要求明白清楚的一种精神运动。凡是不对的概念和看法，都要用对的概念和看法取而代之。在这种意义之下，势必第一步是消极的，对一切传统的权威，感官的欺骗，未证明的设想，都拟一抛而廓清之。因为是纯粹理智主义之故，所以这种启蒙的体系往往太看重理智的意义与目的实效，于是实用的价值是有了，而学术的价值却失了。十八世纪可称之为一个启蒙运动的世纪，启蒙思潮侵入于社会、法律、宗教各方面。

汉斯·吕耳是《德国文艺中之启蒙精神》一书的著者，上面这一段话，见之于他那《德国文学词典》中。

法国的笛卡儿，就是启蒙运动的代表人物，他也要求明白清楚。启蒙运动的主要特征，是理智的、实用的、破坏的、清浅的。我们试看“五四”时代的精神，像陈独秀对于传统的文化之开火，像胡适主张要问一个“为什么”的新生活，像顾颉刚对于古典的怀疑，像鲁迅在经书中所看到的吃人礼教（《狂人日记》），这都是启蒙的色彩。

明白与清楚，也正是“五四”时代的文化姿态。这样的一个象征人物，就是胡适。白话文运动不妨看作是明白清楚的启蒙精神的流露，梁实秋有一次批评梁宗岱说：“诗人也是人，人就要说人话，人话以明白清楚为第一义。”（原文见战前在北平所发行的《自由评论》中）可见明白清楚的理智要求，一直支配到现在。

对朦朦糊涂说，明白清楚是一种好处；但就另一方面说，明白清楚却就是缺少深度。水至清则无鱼，生命的幽深处，自然有烟有雾。“五四”时代没有深奥的哲学。柏拉图、黑格尔、康德，谈之者少，流行的是杜威、赫胥黎、达尔文，或者马克思。大家不唯不谈深奥的哲学而已，而且有着反感。最具体的表现，“人生观与科学的论战”充分表现了对于形上学格格不入深恶痛绝的态度。自然，当时也还有“玄学鬼”的一方面，但一般人总以为胜利在打倒玄学鬼的一方面。这是时代精神！

这反玄学的态度，也差不多支配了好久。试看朱光潜的《文艺心理学》，就有如此的话：

> 哲学家讨论问题，往往离开事实，架空立论，使人如堕五里雾。我们常人虽无方法辩驳他们，心里却很知道自己的实际经验，并不像他们所说的那么回事。
>
> ——页一五二
>
> 幸好这个世界里哲学家占极少数，不懂得黑格尔，叔本华，和尼采的愚夫愚妇们也能欣赏莎士比亚或是易卜生。
>
> ——页二六三

其对形上学的思辨之不喜为何如！然而在一般人看，却还觉得朱先生太学究气，太哲学味了！这个时代的精神，可说彻头彻尾是停滞于清浅的理智为已足之中的。

到现在为止，国人在哲学上最高的成就的代表，应该推冯友兰先生的《新理学》。这个系统也全然是清浅的理智主义。他所谓理，与其谓为形上的，无宁谓为逻辑的。用他的话说，理不过是一种类型。他这理智主义，以表现于《新事论》、《新世训》二书中者为尤显。他在《新事论》中讲到明层次，说不唯逻辑上有层次问题，道德上也有层次问题。在某一层次中所可说的，在另一层次中未必可说。因此说，个人与个人间是一个层次，国与国间是另一个层次，在个人间可以讲信义，在国际间就不能讲信义。否则呢，就“吃亏”。他在《新世训》中讲到抗战，他极反对“宁为玉碎，勿为瓦全”这句话，他说抗战决不是一个意气之争，只是因为考虑的结果，不能瓦全，所以才要玉碎。这二例，都是极显明的理智主义。要照我看，逻辑上的层次问题是否可以应用在道德上，其中大有思辨的余地。个人间的信义是否可以应用于国际，似乎这答案也还不至于是否定的。现在我们国格之屹立于天地间，也还是维持国际信义换来的。道德问题不能考量吃亏与否，否则个人间又何必讲信义？考量吃亏与否就是一种理智主义。玉碎瓦全问题，我看也是不能这样理智地计较的。从一个全人的人格立场看，人应当有是非感，也应该有好恶感。恶声至，必反之，虽千万人，吾往矣。一个人应该有这样不屈不挠的气魄。宁为玉碎，这是人类一种很自然的情感，倘若必须考虑到不能瓦全才玉碎，这就是理智主义。假若太理智，我们就恐怕不能抗战了。这种理智主义缺少深度，缺少对于人性之深度的透视，所以说是清浅的。《新理学》自有很高的学术价值，但它终于是“五四”时代以来的理智主义的结晶。——自然，最高的结晶。

表现在方法论上，也是清浅的。很少人谈到体系和原则，触及根本概念和范畴，却只是“大胆的假设，小心的求证”而已，这不过是一种常识的科学方法的应用。这只可以达到像杜威等所讲的思想方法，而达不到冯德或普恩迦里等所讲的思想方法。然而一般人终竟拘于这个水准之下，也不唯胡适一人而已。（关于胡适，可看其《四十自述》页一三二，并其《介绍我自己的思想》一文。）

不唯就这时所吸收的思想，所创造的学说，所应用的方法论，是表现一种共同的色彩——清浅的理智主义，就是这时所了解的古人，也没逃出时代精神。我们看，孔子之刚健雄厚的气魄没有被人欣取，孟子之健朗明爽的精神也没有被人欣取，被人提倡的却是荀卿、王充、章学诚、崔述一般人。这般人可说无一不是清浅的理智主义者！他们充其量，不过像培根、斯宾塞尔一流。

我们这一个时代的文艺，亦然。不是讽刺，就是写实。讽刺是“五四”时代破坏精神的余波，写实就是理智主义的另一表现。新文艺中以新诗的成就为最差，太理智了，哪里会有诗！浪漫主义是这一个时代所不能容的，所以那唯一标榜浪漫主义的创造社，不久也就从文学革命到革命文学，他们自己也不承认了。浪漫并不是坏意思，正如爱不是坏意思一样，但在中国却都遭了误解。有人在结婚典礼上请新郎报告恋爱经过，他说：“我们只恋爱过一次！”如此沉溺于卑俗的物质之欲，如何能了解爱！国人对浪漫的误解和这差不多，以披发行吟为浪漫，以酗酒妇人为浪漫，以不贞为浪漫，宜乎国人很缺少浪漫精神了。

和理智主义结不解缘的，是唯物思想和功利主义。唯物思想并不一定指所谓科学的社会主义之体系下的思想而言，实则一般人之过重时代，过重环境，过重社会，而轻估个人力量，轻弃个人责任，以及遏阻个人勇气的思想，统是唯物的。功利主义也可说唯物思想的一个别名。现代人之轻文法而重理工，和前些时之重文法而轻理工，统是功利主义作祟。前些人重文法，是因为文法可以做官，现代人之轻文法，是因为文法不足以糊口，官已经太多了。总之，无非是打算出路。就是立场大些的，也仍是急功近利，全没想到民族的文化命脉。当我们翻出下面一般旧时文章时，真有些不寒而栗。

> 吾国自与西洋文明相接触，其最占势力者，厥唯功利主义。功利主义之判断美恶以适于实用为标准，故国人于一切有形无形之物，亦以适于实用与否为标准……而又以归纳法之不精，想象力之薄弱，故凡故有文明与功利主义相妨者，则破坏之；外来文明之与功利主义直接之影响者，亦唾弃之。即功利主义之本身所谓最大多数之最大幸福者，亦以其与一己之利益，一时之近利不相容，而不得不牺牲之。……盖此时之社会，于一切文化制度，已看穿后壁，只赤条地剩一个穿衣吃饭之目的而已。……功利主义之最害学术者，则以应用为学术之目的，而不以学术为学术之目的也。……功利主义以最大多数为万事之标准，故其论学术之效用，既以多数之享受为衡，其评

学术之优劣，亦以多数人之意见为断，此亦足以挫真才之气，而阻厄学术之进步者也。

这是二十多年前钱智修在《东方杂志》十五卷六号上所发表的《功利主义与学术》一文的一部分。其中又说到学术成绩的贫弱，而多的是戴政客为巨魁的学会，他慷慨地说：“嗟乎！伟人伟矣，戎马仓皇，为国宣劳，雕虫篆刻，壮夫不为，吾辈亦何忍更以学问文章责之！以学问文章责伟人，是浅之乎视伟人，亦浅之乎视学问文章也。”他的结论是功利主义已变而为势利主义。现在我们许多杂志介绍作者时是往往注出任职某院某部，就好像平民不能有知识似的，这还不是势利主义么？任何学会必有一些要人作理事，难道不也是势利主义么？这都是学术精神的堕落，也是国民精神的堕落。

有破坏而无建设，有现实而无理想，有清浅的理智而无深厚的情感，唯物，功利，甚而势利，是这一个时代的精神。这哪里是文艺复兴？尽量放大了尺寸说，也不过是启蒙。

（三）批评与期待

我说“五四”运动在文化上是一种启蒙运动，这是就其最特征的地方说，此外，我们却还可以作如此的理解与认识：

第一，“五四”是一个移植的文化运动。凡是真正养育于“五四”精神中的人或书，往往表现出觉得中国不行。在《新青年》发刊时，有一个读者叫张永言的，写信给该志编者道：“贵志之文，似有扬西抑东之意，如此等处，恐尚须斟酌商量也。”扬西抑东，实在抉出了那时的特点。不唯读者有此印象，那时的编者也不否认：“东西文化，相距尚远，兼程以进，犹属望尘，慎勿以抑扬过当为虑。”（《独秀文存》卷三，页六）那时所表现的思想，往往是西洋学说的化装。即如胡适的八不主义，试翻渥滋渥斯的论文，即可见其来源。他们对于中国传统的不满，无非是拿外国的尺度来量的结果。国人之过于迷信外国权威，留学生之获有分外地位，也无非同一精神的表现。这种文化运动是移植的，像插在瓶里的花一样，是折来的，而不是根深蒂固地产自本土的丰富营养的。

第二，“五四”是一个资本主义的文化运动。这种移植的西方文化，并不是西方文化的全部，却只是一个段落，这就是资本主义的文化。当时，或到现在，对于西洋的古典文化，吸收甚浅，文化是有历史的东西，截取一段，当然不彻底。“五四”当时所标举的两大口号，是科学与民治，所谓赛先生与德先生。这见之于陈独秀所作的《〈新青年〉罪案之答辩书》（一九一九）。到了后来，胡适批评《东西文化及其哲学》，也还说："现在全世界打通了，当初鞭策欧洲人的环境和问题，现在又来鞭策我们了。将来中国和印度的科学化与民治化，是无可疑的。"（一九二三）赛先生和德先生是甚么？正是资本主义文化的结晶。这种文化也无可厚非，但只截取一段，就容易不彻底。所以反动的浪潮时常蠢动。

第三，“五四”运动在文化上是一个未得自然发育的民族主义运动。就是当时之扬西抑东，也仍是基于民族利害，这仍可拿陈独秀的话作代表："倘力排异说，以保存此固有文明与国基，能否使吾族适用于二十世纪之生存而不消灭？"（《质问〈东方杂志〉记者》，一九一八）但我何以说这是未得自然发育的民族主义呢？这是因为那时并没有民族的自信。只是觉得西方文明侵入了，我们怎么办呢？于是手忙脚乱起来，把自己的东西怀疑吧，毁掉吧！毫无抉择。那时的吴稚晖先生便曾说要把线装书丢在茅厕里，那时的鲁迅先生也便曾说读了西洋的书使人活，读了中国的书使人死。这同是一种时代精神。

第四，“五四”这个时代在文化上最大的成就是自然科学。很有一般人误会，认为“新文化运动”中最大的成绩是思想和文艺，这是不对的，我们只消看中国的学术团体的成立，以属于自然科学者为最早，并最有成绩。例如中国科学社在民国三年六月就在美国产生了，到了四年十月正式成立，这是最早的学术团体。其次是中国地质学会，产生于十一年；中国气象学会则产生于十三年，中国生理学会产生于十五年。而中国哲学会，到这次大战以前不久才成立，至于学术性质的文艺团体，到现在也还只在酝酿之中。论到成绩，在国际上可以立足的，也只有地质生物之类可以说。并且即在自然科学之中，也有一个趋势，这就是越带地方性，越依赖于物质条件的便利的，越最先有成绩。这当然也是有原因的，一则在“五四”运动中，根本的精神重在科学。所以当时的吴稚晖先生说："新文化若不竭力发挥自然科学和物质文明，简直是复古的倾向，不是革新的倾向。"(《独秀文存》卷三，页二二九引）二则是凡属于精神方面的造就，必须有长期培养而后可。哲学和文艺都是一种文化运动经过长期努力之最提炼也是最后的一点精华，原不能期诸仓促。

第五，"五四"文化运动可看作是西洋思想演进的一种匆遽的重演。在生物学上有一个原则，就是个体的发生往往重演整个生物进化的历程，这是封·拜尔的定律。在文化上，也有同样的现象。只因为中国过去囿于中世纪的精神太久了，一旦走上别人进步的路子，势非要重演那历程不可。但是我们只有二十几年，却要演人家二三百年的经历，那得不匆遽？我们思想界上的混乱，是不必怪，也不能怪的。

第六，"五四"文化运动的精神，事实上已渐见结束。这种结束当以中日战争为段落。中日战争，不能从今天算起，算当算自"九一八"。大概中国学术的进步，自二十年以后，渐见精彩。其中最有意义的，要算两件事，一是梁思成等对中国建筑的研究。他们所用的，是真正现代建筑学的知识，但他们所发现的，却是真正中国的传统精神。中国营造学社虽成立于十八年夏，而大部工作则以二十三四年为最有成绩。他们之改建孔庙，尤饶有意义，他们把孔庙的架子换上钢骨水泥了，他们把光线和空气都注意到了，但保持了中国建筑之精神上的优长。这应该是一切整理中国文化的模范和象征。二是冯友兰的《新理学》，这书写成于二十七年左右。但酝酿则是在“七七”之前。其理智主义的色彩虽然可视为“五四”精神之结晶，但他所谓“我们是接着宋明以来的理学讲的，而不是照着宋明以来的理学讲的”(《绪论》)，接着而不是照着，这话极有意义。接着者，就是的确产生自中国本土营养的根深蒂固的产物了，然而不是照着者，就并不是一时的开倒车和复古。只有接着中国的文化讲，才是真正民族文化的自然发展。只有这样，才能跳出移植的截取的圈子。

“五四”精神的缺点就是没有发挥深厚的情感，少光，少热，少深度和远景，浅！在精神上太贫瘠，还没有做到民族的自觉和自信。对于西洋文化还吸受得不够彻底，对于中国文化还把握得不够核心。有人说“五四”的时代精神是样样通的人太多，而窄而深的人太少。这一点，我不十分同意。通才是时时需要的，问题是在怕不真通。我们固需要点点滴滴的切实工作者，但也需要高瞻远瞩的设计师。从前的文化运动之所以没有发扬的气魄者，最大的原因却仍在民族太受压迫了，精神上不正常，见识遂清浅而鄙近。但我们现在业已走上民族的解放之途了，随着应该是文化的解放。从偏枯的理智变而为情感理智同样发展，从清浅鄙近变而为深厚远大，从移植的变而为本土的，从截取的变而为根本的，从单单是自然科学的进步变而为各方面的进步，尤其是思想和精神上的，这应该是新的文化运动的姿态。这不是启蒙运动了。这是真正的中国的文艺复兴！（三十一年五月三日《大公报》星期论文）

三十一年四月二十八日

附录一：评《新理学》

（一）贞元三书

冯芝生先生的“贞元三书”，到现在已经街谈巷议，家喻户晓了。不过普通人最喜欢的，多半是《新事论》，因为其中的看法，有许多正是和流行的唯物史观相合的；其次是《新世训》，因为其中主要的特色，也合乎一般人的所谓“理智”。《新理学》则因较专门，热心读下去的人，便远不如前二者之多了。

我的爱好却相反。我最爱《新理学》。其中的精彩处和贡献处，真是美不胜收。我觉得格格不入的地方当然有，然而少。《新事论》、《新世训》，我就难以完全苟同了。亚里斯多德说：“吾爱吾师，但吾尤爱真理”，我不能不把我所见到的写出来。说的不对，还请冯先生和读者教我！

（二）《新理学》优于其他二书之故

《新理学》、《新事论》、《新世训》，明明是如著者所说：“书虽三分，义则一贯”（见《新世训》自序），为什么说对《新理学》则令我觉得格格不入处少，而其余二书则难以完全苟同呢？这是因为冯先生的书的特色是逻辑的、辨析的、偏于形式的观点，而忽略文化的内容故。因为是逻辑的、辨析的、偏于形式的观点，所以论到“不着实际”的方面，以及整理前人的学说的方面，都有它的独到处；但是因为它忽略文化的内容，所以论到“当前许多实际问题”时，却不免有许多破绽了。

（三）《新理学》一书出现的重要意义

为说明我上面这观察起见，我要先指明《新理学》这部轰动一时的伟著之意义、精神和贡献。

冯先生说：“我们现在所讲之系统，大体上是承接宋明道学中之理学一派。我们说承接，因为我们是接着宋明以来底理学讲底，而不是照着宋明以来底理学讲底”（页一）。接着而不是照着，这就是本书出现的意义之一，而且是重要的意义之一。

接着者，是它有所继承；不是照着者，是它有所发现。这和著者的历史观有着关连。他讲他的历史哲学时曾说：“历史上每一个革命之后所建设之新社会，常较革命家所想象者，所宣传者，旧得多。当然有些直是社会制度，而不是某一社会制度，此当然是不可改者。但有些亦是某种社会制度之制度，如此国家或民族所旧有者。但因其无碍于新制度，故仍继续存在。就此方面看，一新底社会之出现，不是取消一旧底社会，而是继承一旧底社会。社会中任何事，如思想、文学、艺术等，均是如此。”（页二一六）他的新理学，也就恰是一方面是新的，一方面是有所继承的。这其中一方面代表新中国的人的创造气魄，一方面是代表新文化和传统文化在前些时所不能渡越的鸿沟之填补。假若这是本书出现的意义之一，而且是重要的意义之一时，我们觉得应该珍视这个意义，为之欣慰，为之鼓舞！

孙雄曾先生批评这本书说一方面是程朱理学之重光，一方面又是一个现代哲学系统（《星期评论》第三十八期），我们同意这句话。不唯我们同意，冯先生自己也同意，他正希望能如此（冯先生有文答孙先生，见《星期评论》第四十二期）。

新理学之有所继承，是宋明道理中之理学一派，也如作者所说。它之代表一个现代哲学系统处，则是这样：

> 实际底事物涵蕴实际，实际涵蕴真际。我们平常日用所有之知识，判断，及命题，大部分皆有同于实际底事物。哲学由此开始，由知实际底事物而知实际，由知实际而知真际。
>
> ——页二七、二八

自道德底观点，或自事业底观点看，每一种事，均有一种本然底至当办法。在知识方面，每一实际命题，如其是普遍命题，均代表或拟代表一本然命题。在艺术上，每一种艺术，对于每一题材，均有一本然样子。此诸本然办法，本然命题，或本然样子，可以说是均在无字天书之中。无字天书，有人能读之，有人不能读之；能读无字天书，而见本然办法，本然命题，本然样子，或其仿佛者，我们称之曰才人。

——页二九〇

此种精神境界，在所谓圣域中有之。才人只于其创作之俄顷，能至此境界。才人虽能入圣域而不能常在圣域，虽有圣域中之一种境界，而不能有其全境界。能常在圣域，能有圣域之全境界者，是圣人。

——页二九四

（四）《新理学》之精神

说到它的精神，可说有九点：

第一，它是在怀疑主义流行，又特别以中国为甚的世纪中而重新有所肯定者。在现代，颇有些人觉得知识的标准是没有了，道德的标准也没有了，艺术的标准也没有了，人是没有力量的，时间是不可捉摸的。这些情形很像苏格拉底未出世以前，为诡辩派所充斥的希腊一样。怀疑主义是在任何思想衰微时代所不免的。但这时代终不会久长，总会有思想家出来重新有所肯定。冯先生的著作，正代表这个征兆，这成为它的第一个特色。

第二，它的确尽了继承的使命，是前人学说之更进一步的发展。表现得最明显的，一是性之扩大，从前人讲性善性恶，只是人性，现在推到一切事物之性之善恶（页一三三）。二是指明有一种本然哲学系统，即作者所说："照宋儒的哲学，尤其是程朱一派底哲学，他们应该还有一种站在实际底一家一家底哲学之上，对于哲学之看法。"（页二三五）这二者都是旧的哲学所能推论到，而未推论到的。冯先生把它发挥得更彻底了，像加上了显像液一样，使那轮廓格外清楚起来。就这一点说，它有浓厚的民族色彩，书中的西洋哲学术语，也从不附注原文，而用音译，这也是同一表现，处处表示其为中国的。

第三，它虽然有所肯定，但仍维持了像康德那样的不可知论的立场；这就是如他所说："如问：我们的思，何以能知三或方？此正如问：我们的眼，何以能见红色？此二问题，同一不可解答"（页四四）；"我们只可说：我们有能感之官能，对于实际底物，能有感觉。我有能思之官能，对于真际中之理，能有概念"（页四五）。换言之，即它仍有所保留，所以不是独断论。

第四，它是形式逻辑的，而且是新的形式逻辑的。本来，任何哲学，都不会离开逻辑，不过有轻重之不同而已。冯先生对于哲学的看法，除了说是"自纯思之观点，对于经验作理智底分析，总括，及解释"外，更说须是"以名言出之"（页四）。只是冯先生所运用的逻辑，是新的形式逻辑，如在普遍命题中并不肯定其主词之存在是。旧式"凡人皆有死"之命题，在新逻辑中之形式则为"对于所有底物，如果甲是人，甲是有死底"（页九），必了解此点，然后才可以知道冯先生所谓哲学，何以对于真际，只形式地有所肯定，而不事实地有所肯定（页一〇）。

第五，它是辨析的。凡是哲学，也没有不是辨析的。然而因为哲学素养之不同，辨析能力之不同，辨析色彩中有浓淡。本书则是十分辨析的。著者不唯说自己的话时，是字斟句酌，就是用别人的话时，也是同时即做了一番代为厘清的工作。他的作风，决不是像尼采式的，而是像罗素式的。

第六，它采用了辩证法。在运用形式逻辑惯了的人，往往不能用辩证法，但是著者则二者兼之。在其论哲学只形式地肯定真际，而不实际地肯定真际时，是根据的形式逻辑：在其论历史时，说“合中虽有旧性，而不即是旧性，此个体经此一周期，入于次一周期时，已入于一较高底类矣”（页一一九），根据的便是辩证法了。

第七，它是综合的，它不一偏。这在论归纳法，和论经验与知识时，最为显然。他说：“我们是人，人的知识都是从经验中得来底。”（页一二）又说：“哲学中之观念，命题，及推论，我们之所以得之虽靠经验，但我们既已得之之后，即见其并不另需经验以为证明。”（页一三）又说：“用归纳法虽然不能得到必然命题，但归纳法最后之目的，总在于找出事物所循之公律，如公律是公律，则必须是义理；如其是义理，则必须是必然底。专靠归纳法不得证明义理之为义理，但我们之开始寻义理，必始于归纳法。”（页二二五）这都让人有一种平实而近人的感觉。又如他说：“一时一地之有思想者，如果他是有思想者，必不是为拥护其时其地之社会制度而有其思想，不过历史家于事后观之，可以见其如此而已”（页二〇三），这是一方面承认一种唯物史观，一方面却也不抹杀思想家的人格，这也是一种综合的平易近人的精神。也就因此，作者自称他的哲学与机械论有别，他的史观是：“一种势只能使一种事物可有，而不能使其必有。就社会说，有一种势，即可有一种社会，但一团体之能否变为此种社会，则仍须此团体中人之努力。”（页二二四）我们看全书中非常善于用旧的成语或术语，这也是同是由一作者之善于综合使然了。

第八，它有社会的观点。质言之，著者也采取了唯物史观，而且运用得相当彻底。他说：“一切道德底行动之所同然者是：一社会内之分子，依照其所属于之社会所依据之理所规定之基本底规律以行动，以维持其社会之存在。”（页一六六）又说：“用一种社会之理所规定之规律为标准，以批评另一种社会之分子之行为，这种看法，是不对底。一种社会的分子之行为，只可以其社会之理所规定之规律为标准而批评之。”（页一七一）这都特别加上了一种社会的观点，和以前人泛论道德或风俗习惯者是大不相同的。关于这一点，在《新事论》中说得更明显。这就是他所谓：“生产方法随着生产工具而定，社会组织随着生产方法而定，道德随着社会组织而定。生产方法不是人所能随意采用者。所以社会组织及道德不是人所能随意采用者。这即如下棋然：围棋有围棋的规矩，象棋有象棋的规矩。”（《新事论》，页六六）

第九，作者虽然很辨析、很理智，但是仍有一种把哲学与艺术同视的态度：“哲学家与艺术家，对于事物之态度，俱是旁观底，超然底。哲学家对于事物，以超然底态度分析，艺术家对于事物，以超然底态度赏玩。哲学家对于事物，无他要求，唯欲知之。艺术家对于事物，亦无他要求，唯欲赏之玩之，哲学家讲哲学，乃欲将其自己所知者，使他人亦可知之。艺术作品，乃欲将其自己所赏玩者，使他人亦赏之玩之。”（页二四五）冯先生的哲学，有一种超脱精神，“超乎经验，则即不为经验所囿，但又不离乎经验而对于实际有所肯定，则即不妄有所立，如宗教家然”（页二九九），这种精神也可说是《新理学》的根本精神，乃是近于艺术的。

以上九者之中，形式逻辑和辨析二点，关系全书尤大。因为太重形式逻辑之故，遂留下了《新事论》和《新世训》中的许多破绽：因为辨析之故，《新理学》中却也便有不少的特殊贡献。

（五）《新理学》之贡献

说到《新理学》的贡献，可分两方面。一方面是关于新的哲学观念之提出者，一方面是关于旧的哲学观念，亦即哲学之整理者。

在新的方面，是可称者有：（一）理是不肯定实际的。（二）哲学或最哲学底哲学，不以科学为根据，故不随科学中理论之改变而失其存在之价值（页一六）。（三）理之全体是太极，太极是极端地清晰，绝对底料是真元之气，是极端地混沌。气是一个私名。理为实际的事物所依照，气为实际底事物所根据。（四）依照某理以成某物之气之动者，对于其所成之一某物说，名曰阳，与此气之动者相对之气之静者，对于此物说，名曰阴（页八七）。（五）性善性恶不专就人说。论人性时，则先分别人之性及人所有之性之不同。从真际之观点，人之性无善无恶；从实际之观点，人之性善；从社会之观点，人之性亦善，人之性可说无不善（页一四三）。（六）著者亦承认辨别善恶之良知，不过谓须经相当底思考（页一五六）。（七）著者亦说穷理，但以为哲学的活动只是对于理之有之知明，而每一事物之理之内容，则须另有学问。例如方之理之内容，则靠几何学始能知之（页二九七至二九八）。（八）艺术之追求理想，并非其所咏或画之自然界中之物，而是一最好底对于自然界中之物之诗或画（页二六二）。（九）关于宗教，著者认为神是一类事物之完全底典型，鬼是过去造化之迹，但一般人在将理作实际底个体而想象之时，为不至落空起见，往往寻在一实际中近乎其理之事物，于是以鬼为神，一般所谓神，都是以鬼为神（页二八二）。宗教的意义，在因对于完全典型之思念，应得到一种超乎个体超乎自己的境界（页二八八）。（十）新理学的系统亦讲大全，特以致知为入手，故其对于大全的关系是清楚而不是混沌的。（十一）承认社会有许多种，因此有社会之理，又有各种社会之理（页一六八）。（十二）哲学之一类物，亦有其理，因此可以有一哲学之本然系统（页二三七）。

在旧的方面，那最可称的是：（一）指明了先秦道家所谓无，是指的道，并不是真正的无（页三四）。（二）道家所谓道，近乎真元之气，即绝对底料，是极端地混沌的（页七一）。（三）道家所说之道，是形下底，故其所说德，或性，或命，亦是就形下方面说的（页一二八）。（四）老庄所理想之社会，亦是一种社会，但此种社会所因而有之势，在先秦时久已过去，故老庄对于社会之主张是开倒车的（页二一〇）。（五）道家之得大全，以反知入手，故其对大全之关系是混沌的（页三一〇）。（六）郭象所谓有，则非指一件一件地实际底事物，而指的是实际，其所谓无，也是真正底无（页二三四）。（七）郭象认为事事有其必然的趋势，助之无益，阻之亦无效，这看法是机械论的（页二一一）。（八）易传所说阳与阴之关系，乃是新理学中所说理与气之关系，而不是新理学中所说阴与阳之关系（页九四）。（九）孟子所说之性，亦是形下的，程朱所说性则系形上的（页一二七）。（十）宋儒对于理之为非实际底，亦有时看不清楚，或说不清楚。“理之在物者为性”，“心具众理而应万事”，都可以误解为理是“如有物焉”的，这错误即在朱子也不能免（页五三)。（十一）一实际的事物所依照之理是很多的，但究竟与一切理相差尚远，朱子所说“物物有一太极”，是不能成立的（页五九)。（十二）朱子说：“未有无理之气，亦未有无气之理”上句是可说的，下句则须修正，因如此则凡理皆有实际底例，亦即无只有真而无实之理了。那修正语是：“必有些理有气”，或“未有所有底理皆无气”（页七五)。（十三）朱子未注意到社会有许多种（页一七一)。（十四）程朱一派的哲学，应该有一种站在实际底一家一家底哲学之上，对于哲学的看法，但是没有，却只以为自己的系统是正宗的，这是错的（页二三五)。（十五）朱子所谓穷理是就对于理之内容之知识说，但是不是专靠思所能知者。其错误正在以为理在我们心中，王阳明于此见朱子之误，而未见其所以误（页二九八)。（十六）朱子之系统与周濂溪之系统本不同，濂溪是老学，其太极是形下底，故能动，能静，能生。朱子不觉，妄为辩护，故有不通处（页七三)。（十七）理气先后之问题，是一个不成问题底问题，亦可说是一不通底问题，因为如其成为问题，则须先假定理与气均在时间之内，或其一在时间之内；又须假定二者可有在先在后之关系，或其一可有此等关系；又须假定二者是有始底，或其一是有始底。但遇假定皆是错的，故理气先后根本不成问题（页八三）。（十八）王船山有道器先后之说，以为“无其器则无其道”，故“未有弓矢而无射道”。新理学中以为此言如系未有弓矢，即无射事，则自无可争论，如系未有弓矢，即无射道，而所谓道，若是就理之实现说，则亦是新理学所主张者。但如所谓道，乃指理之本身说，则无其器即无其道之说，是新理学所不能承认者（页七八）。（十九）颜习斋诸人说性，以为不必要义理之性与气质之性之分，这是错误的。因如不论义理之性则没有完全之标准，而所谓实际底事物之不完全，不但不能说，且亦不能知（页一三〇）。（二〇）戴东原反对宋儒理欲之辨全是误解，宋儒并未反对戴所谓欲，宋儒所反对者正是戴所谓欲之私者。（二一）旧理学之讲理，没讨论到理与时空有无关系之问题（页七八）。（二二）从真际或本然之观点看，实际世界是不完全的，是恶的；但若从实际或自然之观点看，则各类之实际底分子，各依照其理，各向其完全的标准以进行，故吾人对于实际，可不必悲观。中国儒家对于实际所采的看法，即系后者（页一三五）。

我们认为《新理学》在哲学史的整理方面的贡献或者更大过于它自己的发明。在哲学史的整理中，关于宋儒的厘清之处，尤为精彩。冯先生重新把前人的观念和命题代为斟酌了，使那意义得着补充，修正，或者更进一步的发展。这些贡献都是哪里来的呢？就是由于我所谓辨析，辨析正是哲学的神髓呢。

（六）《新理学》中可议之处

但《新理学》不是没有可议之处的。不过这些可议之处并不多，而且对于《新理学》的系统也不至有大的动摇。这些可议之处即：

（一）哲学即是"只对于真际有所肯定，而不特别对于实际有所肯定"（页一〇），但何以又肯定绝对底料，或气之存在？

（二）道有六义，一是应行之路，二是真理全体，三是真元之气，四是动底宇宙，五是无极而太极之"而"，亦即阴阳变化之程序，六是天道，即一切事物变化所依照之理（页一〇二）。但就《新理学》的系统言，此中三四五各条是不能用的，事实上，作者也很少用三四两条之道。只是不知为什么对于“无极而太极”之“而”却并不肯割爱（页九九）？“而”既是指程序，自是形下的，何如不以道称之，而把道只限制在形上方面?

（三）料有绝对底料与相对底料之分（页一一六），前者为本来即有，后者为不必本来即有，这样一来，二者的分别很大，难道还可以同称为料么?

（四）人之定义为道德的，因为这是人之所以异于禽兽者之一重要方面，因此，人之性是善的（页一四四）。这未免有丐词之嫌，既先以道德为人异于禽兽之重要方面，指为人之性之内容，又说人之性是善的，假若人不行道德，岂不是可以“不是人”了么?我们认为，若从人的定义出发，而论道德，是很不巩固的，因为道德并不能算是人异禽兽之重要方面。人们也很可从人之异于禽兽之非道德方面而推断人之性是非道德的。究竟人和禽兽的不同，是量的不同，还是质的不同，究竟在哪一方面的不同是重要的，这不是容易解决的。这不容易解决，即不容易马上给“人”下定义，于是也不易由此而论道德。

（五）有社会，有各种社会；有社会之理，有各种社会之理。照《新理学》上说，道德就是一社会内的分子，依照其所属之社会所依照之理所规定之基本底规律以行动，以维持其社会之存在者。又说，我们不能以一种社会之理所规定之规律为标准，以批评另一社会的分子之行为。可见道德是以某种社会制度为条件的。然而假若一种社会之理和各种社会共同之理有冲突时怎么办？到那时究竟依何者为标准呢？假若那时依各种社会共同之理为标准，则岂不是道德标准仍为绝对的了么？假若仍为绝对的，又何必提出以某种社会制度为条件呢！

（六）著者说“一种行为，无论其为个人底或团体底，若不站在其所属之社会之观点看，则无所谓道德底或不道德底”（页一七四）。因此国家的行为，不入于道德底判断，盖国之上并无更高的社会。但作者又说超乎国家之上之更高底社会之观点，已渐为一般人所承认。其实这观点何尝是现在始有？在春秋时，国家对于自己之行为，已不会只说“我所以如此，只因我愿如此”了。可见是非之心，人皆有之，并不得以层次之不同为借口。《新理学》此处所说，与后来《新事论》所说，都是有流弊，而且不合实际的。

（七）著者说哲学之活动是一类事。就其有一类之理言，有一本然系统。但这类事中又可分若干别类，故又有各哲学派别所拟代表之各种本然哲学系统。在这里，就不能不令人生疑，到底理是一个系统，还是多个系统？倘若前者，似乎只能有一个本然哲学系统；倘若后者，始可说有各种本然哲学系统。但假若理是多个系统，理还可靠吗？理岂不成了人们的空中楼阁，岂不是仍由人心所造了？

（八）在论艺术的一章里论到风格，著者说："好底艺术作品，不但能使人觉其所写之境而起一种与之相应之情，且离开其所写，其本身亦可使人觉有一种境而起一种与之相应之情"（页二四七）。这本是论到艺术中精微处的话，但似乎未能探其本，而且与《新理学》的系统也似乎没有什么相干。论风格，似乎也该论到本然风格，但是文中并未提到。再则风格是有人的成分在内的，但作者一则说"每个艺术家对于此题材，用某种工具与某种风格所作之作品，都是想合乎这个样子"（页二五〇）。风格岂能"用"？风格是艺术品的生命的一部分，是艺术家人格的自然分泌，工具可用，风格只能流露，不能"用"。二则说"汪伦送李白之题材，与春思、闺怨、从军行等题材，均是某类事之某性。关于一某类之事，如欲特别表示其某性，用一种言语，一种风格，作一首诗，则自有一最好底，为此种言语，在此种风格下所能表示者”（页二五三）。作者似乎重在某类之事，而风格随之，实则风格在一人是不变的，某类事在艺术上却是次要的。著者在此等处，实在都忽略了艺术家的人格在创作上之重要（这才是风格之本）。

（九）著者在论艺术时又说：“任何一种艺术，皆可有教育底功用，皆可以作为教育的工具。用美底艺术作品，以引起道德行为，此之谓美善相乐”（页二六八）；在论宗教时更说：“宗教特设一种环境，使人对于此境界，有所感觉。寺庙之建筑，必极庄严；其中陈设必极华贵；其仪式必极威重；在此情形之中，人可对事物之完全底典型，仿佛有所感觉；对于超乎个体，超乎其自己之境界，有所感觉”（页二八八）。这和美善合一之说，相去不过一间，但是竟未提到，不免令人觉得有些不满足。

（十）著者说：“人生如打牌，而不如下棋。善打牌者，其力所能作者，是将已来之牌，妥为利用，但对于未来之牌，则只可靠其牌运。”（页二八三）我们认为这话有问题，而且也有流弊，牌是不可选择的，但是人生终可选择。牌的输赢，只限于一方面，人生则是多方面的。这多方面之中的许多方面，是人可以操持的。所以，人生有所谓“有志竟成”，决不会像只靠牌运那样渺茫。假若青年真听了这话，岂不会消极或侥幸！

（十一）著者说：“道家之至人，于觉浑然一体之大全时，自觉其觉浑然一体之大全。至于动物，虽处浑然一体之大全中，但并不觉之，或并不自觉其觉之”（页三〇七）。这话恐不能让道家首肯。假若道家的理想是一面浑然大全，一面又自觉，并自觉此自觉，就未免太苦了。道家所希望，正是像动物一样，不，甚而像无生物一样，所以说：“形如槁木，心如死灰！”

（十二）作者一方面承认“只于思中行之”的分析、总括和解释（页六至八），一方面又拘拘于唯物史观，以为“人的知识，恰如人的眼睛，人的脚走到那一点，眼睛才能看到那一点。眼睛所看到者，自然比脚所走者远一点，但亦远不许多”（页二〇二），这二者似乎冲突。人既然可以想到理，想到太极，为什么不能想到各种未来的制度，为什么不能构成一种社会的理想，或人生的理想，纵然这理想是和某种之势相去很远？

（十三）作者巧于运用已有名词及成语，固是一长，但因此也容易生出混淆或牵强之处。即如道有六义，作者即有时采取此义，又驳正彼义，几乎每次说，每次注，在这种地方，何如直接用新术语？作者一方面常袭用旧语，但一方面又常说“他此话之本来的意义，我们可以不管”（页一四〇），但既为旧语，自有旧语上下文所关连之意义，有时管，有时不管，也是徒多一层魔障。更如义理一词，在著者的意思乃是“理之义”（页二一八），这样的话，则应该称为理义，而不是义理。我觉得这似乎由于作者有意地要接着宋明人的理学讲，遂做了许多字面的功夫，其实反而是害事的。

（七）《新理学》中之智慧及归宿：总结

《新理学》中虽然有几点可议，已如上述，但它毕竟是一部有智慧的书。因为各人智慧的深浅不同，所欣取者恐怕也不一致。我所欣取的，则在其中论无常及未济：

一事物之阳包括许多成分，其中固有许多不是必需底，但其大部分则是必需底。虽都是必需底，而却不是充分底。所以必需此诸成分会合无阙，然后此事物方能成为实际底有。若此诸成分中，有不备者，则此事物即不能成就，其已成就者，即归毁坏，佛家所谓缘阙不具也。就一事物之阴说，则不必其所有之成分，完全具备，始能与一事物之成就以阻碍。其每一成分，即一阻碍。所以事物难成易毁，即极坚牢之事物，亦无永久存在者。佛家所谓无常，即有见于此。

——页九三

我们的实际世界，是半清楚半混沌。亦是半完全半不完全。无极太极，即如此一直“而”下去。此“而”是无终底，亦总是不完全底。无论自何方面看，它总是“未济”。

——页一二三

凡所谓智慧仅靠书本或推理是不能得来的，必须有甚深的体验而后可，此中所论到的无常及未济，也便是有甚深的体验在内的。归根到底，世界上最可贵最有意义的东西是生命本身，体验者乃是生命最有关之物，所以能令人觉得深切有味如此。

《新理学》虽是以逻辑及辨析见长，但它的最后归宿似乎仍是一种神秘主义。你看作者说：“无论任何方面之才人，若见本然辨法，本然命题，本然样子或其仿佛，而将其成为实际底，此等工作我们称之为创作。本然辨法，本然命题，本然样子等，既均是本然底，均非感官所可及，所以创作者，于创作时，皆以神遇而不以目视，官知止而神欲行，创作之工作，即是将本然底成为实际底”（页二九二）。可见哲学的最高活动，已绝不逻辑及辨析所能济事，所谓“见道”，也只可能如艺术家之灵感然。这不是神秘主义是什么？不过遽以此语说此书，一定是作者所不许的。

最后，我们对于《新理学》的总感觉是：（一）它之对古人的辨析处，其贡献大过于自己的发明；（二）它已尽可能底运用了现代哲学的各种方法和各种观点；（三）它的书中最可议的地方乃是关于道德和艺术的，这一方面似乎还没有到太透彻的地步；（四）它已到了逻辑和辨析的边沿，和神秘主义只隔一层纸；（五）它尽可能地要和中国传统的哲学取得联系，但现在所做到的，有时太拘拘于表面；（六）在这一个时代中，它虽不是唯一的最高的收获，但已是希有的最高的收获之一了。

三十一年九月五日

附录二：评《新事论》和《新世训》

（一）形式论之偏

以学术的价值论，不成问题的，《新理学》比《新事论》、《新世训》高；但以影响论，后二者的影响却较大。原因是后二者通俗，而且谈的是实际问题，其中有些观点又和一般人的看法很相合（也有的是一般人“以为”相合），所以容易为人接受。但也因此，更需要我们指出它的得失。

先说《新事论》。著者冯芝生先生虽然说这是讨论许多实际问题的，好像和《新理学》之“不著实际”者有异，但因为他的书是一贯的，许多精神当然是一线相承。《新理学》的特色之一是它的辨析态度和对于最新的形式逻辑的运用，这特色也仍然笼罩着《新事论》。然而讲理究竟和论事不同，冯先生在讲理时的辨析和运用形式逻辑所构成对于中国过去的哲学思想的整理上的贡献者，在论事时却有陷入形式论的危险。

他说到汉人之富有科学精神时，指那时的许多见解为："此等知识之内容，虽可以说是荒谬绝伦，而其形式则不妨仍是科学底。此所谓科学，即指一切科学底知识所同然者"（页四）。又说到礼运，公羊家和五德三统说，也指为："就内容说，礼运及公羊家之说，比五德说或三统说，较为合于现在人之常识，但就其皆注重于文化类型说，礼运公羊家之说，与五德三统之说，是一致底。"（页六）可见对事情的看法有两种，一是就内容上着眼，一是就形式上着眼，冯先生则是采后者，而且这一点他也是自认的。

因为从形式着眼，所以他说："人非作道德底事，不能达到大不道德底目的；不道德底事中之事，却是道德底。"（页二三）并以盗跖宋江为证，说："若盗跖宋江不行道德底事，则即坐不了其团体中的头把交椅。"人必须作道德底事，方能达到大不道德底目的。冯先生也知道这是"怪论"。但这怪论有一个比照，就是原于逻辑上有一个怪论："一命题必须是假底，它方能是真底。”他更援引逻辑上的层次说，而论道德问题也有层次。他的结论是：“所谓一事之是道德底与否，皆是站在行此事者所属于团体之观点说。”（页二四）由此推论下去，因为国与国间，“自上古以至现在，尚没有比国更高一层底社会组织，或虽有而有名无实”，于是国与国间的道德制裁遂是“在逻辑上说，是不合适的”，而且在行起来，“是吃大亏底”（页二一）。

这种说法，我无论如何不能苟同。道德的问题，本不能就吃亏与否来讲。假若站在不吃亏的观点，则岂唯国与国间不能讲道德？个人间也何尝没有因讲道德而吃亏之事？这个说法推广下去，则侵略者更还有什么忌惮？至于逻辑问题是否可完全运用于实践，也还是大有问题。即如逻辑上的层次说，所谓“在一个较高命题所说，只说及于它所说者，而不及于它自身”（页二一），是否可用于道德界，也大可商讨。命题可有层次，道德无所谓层次。道德问题是十分简单的，是非善恶之心，在任何人都是具有的。任何人做一件坏事，很少不知道是一件坏事。假若真有一件事的是非善恶难辨，则必是关系技术或者知识，绝非伦理问题。那种事情是在普通人很少遇到的。盗跖宋江的行为并不难辨，侵略与反侵略的国家的行为也不难辨，是就是是，非就是非，有什么回护，有什么“层次”？作者又把义称为超道德，道德的就是道德，又有什么“超”？假若说盗跖和宋江他们虽然是要达到大不道德底目的，但手段仍须是道德底，这就是忘记了道德的决定点仍在动机不在作法。《聊斋》上有句名言，所谓“有心为善，虽善不赏；无心为恶，虽恶不罚”，这就是因为有心为善的善是手段，是伪善，无可称道；无心为恶的恶只是过失，而不是真恶。

只就形式论，则盗跖和宋江的行为可称为道德；只就形式论，则侵略者的行为不在道德判断之内：形式，形式，害了多少事！

再说冯先生的层次说也并不能贯彻。如果严守层次，城里人和乡下人的关系，也何能推论到英美西欧和中国印度的关系（页四二）？可见逻辑上的道理并不是通行无阻的。

因为作者采了形式论的立场，对中国过去文化不免曲解。他囿于把中国过去的社会定在家庭生产的范畴之中，遂以为忠孝不能两全时，中国人一定是“以保全父母为主”（页八四），实则就中国人的传统看法恰恰相反。岳母刺字不必说，就是现代一般老百姓常常送子投军，他们何尝以“家”为本位？但这也不是因国家思想而然，乃是一种正义感，简单的正义感，与层次说毫不相干。

因为作者采了形式的立场，所以论中国文化时，也不免论及形式而止。他说：“在新中国里，有铁路，有工厂，有枪炮，但中国人仍穿中国衣服，吃中国饭，说中国话，唱中国歌，画中国画。这些东西，都不只是中国的，而且是中国底。在这些方面，我们看见中国之为中国”（页一四〇）。他所谓“中国的”，是指中国所有，他所谓“中国底”，是一个形容词。然而“中国之为中国”，原来只在穿中国衣，吃中国饭，说中国话，唱中国歌，画中国画么？这在一个侨居外国的阔老大少，可优为之。但是他不必有中国人的心肠和灵魂。我们所希望的“新中国”，果然如此而止吗？事实上会这样么？

以冯先生的析理之精，观察力之深且透，何至有这样的论调？我觉得完全是上了太迷信逻辑的当。逻辑根本是很薄弱的东西，既不足以论人生，也不足以论文化。《浮士德》里讽刺逻辑家说，普通人一口可吞下的饭，逻辑家却要先喊一个“一,二,三”！人生究竟是整个的，文化究竟是整个的，生命之有机的意义高于一切，逻辑不足以范围！

（二）实质方面的忽略

因为冯先生是偏于就形式方面立论的，于是在实质的方面，遂有许多事情忽略。这其中最主要的是：

第一，他忽略精神生活之复杂性、有机性和个性，冯先生每说论共有之性，而不论个体之性，所以只以张三为一个人底生物之例，而研究其生理，而不研究其是人，是白底，是高等底（页二）；讲到文化，则亦是只讲文化之类，而不讲特殊文化（页三），所以文化的改变也是“自一类转入另一类，并不是将我们的一个特殊底文化，改变为另一个特殊底文化”（页一七）；他更分别文化有程度上底不同与花样上底不同，如系前者，则低者应改善为高者，如系后者，则可以“各守其旧，不如是不足以保一民族的特色”（页一三八）。实则精神生活不能只问量，还要问质。普通一个张三，他所给我们作为研究对象的，当然不过是行尸走肉，当然只配作生理学底解剖。然而假若换一个孔子，换一个杜甫，怎么样呢？难道也可视若一个生理学底对象而已么？在文化史的比重上，究竟张三有分量呢，还是孔子杜甫有分量？孔子和杜甫的特殊地方——艺术上或哲学上的创造以及人格的表现，何尝不可以研究？个人如此，文化亦然。殷文化、周文化，自有一种不同的有机的面目，为什么不能讲？文化既是有机底，改变时又如何能吸取其类的方面，而拒绝其特殊的方面？只改程度，不改花样，是否可能？而且再追究一步，假若所谓“花样”并没有内在的意义，只为保一民族的特色，我不知道保了作什么？其实花样就有内在的意义，所以赵武灵王胡服，就是一个大改革，花样的改变决不仅花样而止。直截了当地说，精神生活的特色正在特殊，正在个性，正在质，正在意义，而不在形式底共有之性。精神科学的法则，和自然科学的法则，原有区别，果然讲生理学，我们不否认任何人在解剖刀下是平等的，假若讲文化，就自然两样。

第二，他忽略历史以及历史中的许多因素。冯先生不赞成说中国与西洋有什么本来底不同，如所谓国民性等。是的，简单地说本来不同，我们自然难以承认。但是文化是累积的，是有文化遗传的（负荷这种使命的是教育、书籍、制度、舆论等），如何能截去上半不管？一校有校风，一班有班风，难道在千万倍于一校一班的成立的时间上，造不出一个国风来吗？国风既成之后，就有绝大的支配的力量。这不只是文化底类的不同，也不是“花样”底不同，乃是就其根深蒂固而且作为一切表现的发动力说，是一种精神的不同。因为这样不同太根本了，所以就是形容了说“本来”不同，我想并没有什么不可。

我们说冯先生忽略历史也许是不对的，其实更正确地说，是他之了解历史太偏于形式化了。他以为现在师道不讲，是生产社会化的结果。但是在一千二百年前左右，就已经有人说“师道之不讲也久矣，士大夫之族，曰师曰弟子云者，则群起而笑之。问之，则曰彼与彼年相若也，道相似也。位卑则足羞，官盛则近谀，呜呼，师道之不复可知矣”（韩愈《师说》），那时何尝有生产方法的改变？而且即如近代，北大学生之对蔡孑民先生如何？何以未受生产方法的改变的影响？冯先生说：“若一人没有机会使其品格现于行为，即不能化人，即不能成为人师”（页一二六），这话也很难让人首肯。“温而厉，威而不猛，恭而安”，这就是品格表现，何必一定上断头台才算人格表现？“观人于其微”，人格无时不可以表现。人格的感召的确地无形的，所谓“一生真伪有谁知”，究竟是激忿语，而不是事实。

冯先生太轻视个人的力量了，太重视环境了。例如关于发展自然科学，他说须先有工业，才有实用科学，有实用科学后，才有纯粹科学。工业是英雄用武之地，“无用武之地底英雄，难乎其为英雄”（页五一）。我们的看法不是这样，英雄正是在开辟战场，正是在辟草莱，斩荆棘。英雄是在豪气，是在“劲儿”，是在精神。项羽在自刎时，用武之地是很小了，终不失为英雄。科学家像巴斯德，当我们读他的传记时，便知他的实验设备简陋到极点，然而他们能苦干，所以成其为英雄。就科学发达的次序说，阿基米德的物理学，欧克利德的几何学，都是纯粹科学，差不多在工业革命以前近千年。真正科学家很少像冯先生这样说。我记得翁咏霓先生在他的《椎指集》中即说，我们的科学不发达，正是因为先着眼在实用之故，清末人已误，不能再蹈覆辙。冯先生的看法，似乎仍是拘拘于唯物史观，总以为先有什么经济环境，才有什么上层机构。因此，他才说："一个人所处底社会，对于他的品格，有决定底影响。"（页一二四）我觉得并不如此，任何人应该自己负责任。主持教育的人，尤须先承认人是靠"教"而不是靠"化"——靠社会化！

冯先生太忽略民族性，过重视经济的解释。例如他说中国人之吃素，是因为没有力量吃荤（页五三）。然而事情并不这样简单，吃饭的问题太迫切，也许有经济原因，但是何以中国人的绘画也是枯木竹石多于翎毛走兽呢？何以中国的家庭布置也是花草多而猛犬少呢？在这些地方，除了用一个"中国人爱好和平，就像思想中之缺少战斗精神一样，也表现在食物的选择，艺术的趣味，以及日常的爱好上"的解释以外，又有什么话说？

总之，历史是精神生活的具体化，不能用落于形式的唯物史观的范畴来分割。因为冯先生太偏于形式论了，所以忽略了精神科学的特殊法则（精神科学重在个体），忽略了历史之力量以及历史中为唯物史观所不能范围的因素。冯先生形式论的结果，在道德问题上是弄得太复杂化了，是过之；在文化问题上是太简单化了，是不及。

（三）太理智

现在说到《新世训》。

在《新理学》、《新事论》中已表现一种理智主义，反过来说，即是表现一种对于情感方面的力量之轻视。但因为那是或则讲理，或则论事，色彩还不明显，现在在《新世训》中，却因为是触及“生活方法”了，这色彩遂愈益了然起来。

太理智！太逻辑！这是我的感觉。例如他论到“回也不改其乐”，就说明这样快乐之如何不能比较：以量论，嫌没有一个斤两的共同标准，以质论，嫌饮酒与读书之乐难于裁断（原文见页一七至一八，差不多有两页）。我们读康德的书时，大抵觉得太理智，太枯燥，但这书之理智味或竟在康德之上！康德究竟在《判断力批判》上还说过，什么是伟大？伟大就是让一切东西都比着小下去。又说，情感上的伟大和数量上的伟大不同，数量上的伟大都是相对的，一数量无论如何大，加一即可以更大；情感上的伟大却是绝对的，无可比较。这些话都有些浪漫气息，与冯先生之纯然理智者别。我觉得道德的快乐正是属于康德所谓情感上的伟大，根本不能比较。

冯先生又说人应该尊理性，是因为照人的定义是如此。更说“能尽人的形式者，即是圣人”（页二二）。这是太逻辑了！孔子说，“知之者不如好之者，好之者不如乐之者”，趣味的培养比任何理智的考虑，逻辑的根据，有力量得多。况且定义是人给的，如果采了人是好笑的动物的定义，又如何保证他能尊理性？

至于说，“人凭其道德底理性的命令，或理智底判断，亦可作冒险或牺牲底事”（页三〇）。这却殊不可靠，理智就要根据许多原则，原则未必相同。假若一人认为生物以适应环境为原则，他如何可以冒险或牺牲？又假若他认为须造福社会为原则，他就将考虑一时牺牲，只作别人精神上的鼓励好呢，还是留着性命，徐图发展好呢？便会觉得两面各有理由，必至一无所决。所之，不必从理智考虑，只是日常生活的一种道德意识的培养，到时候恐怕反而更容易有壮烈的决断些。

冯先生的书，的确到了理智色彩的顶点。他说：“有人说，人必须对于他们的敌人有恨有怒，然后可以打击他们的敌人，事实上或是如此，但是不必须如此，我们于修路底时候，有大石当路，则移去之，或打碎之，并不要先恨大石。”（页一三〇）以下即接着说共产党之鼓吹阶级间仇恨之非是，他说他们对付资本家，应该像工人打石头一样，“虽必打碎之，但不必恨之”。这样说来，古人喜怒不形于色，还只是作了半步而已。令人不禁发一阵冷！

他从理智出发，所以说：“我们的抗战，实在是我们权衡利害的结果，并不是为争什么国格。我们宁愿玉碎，实在因为我们知道，没有可以瓦全之道。”（页七六）然而人类的行为，究有多少是权衡利害的结果？难道人不应该怒，不应该为正义而怒么？假若真权衡利害，恐怕这次战争也许打不起来。我们只是一个很简单的看法：气受不了，所以打，非打不行！玉碎就玉碎，不必瓦全！

历史上许多创造，常常是偶然，常常是情感冲动的结果。真正理智考虑起来，玄奘也许应该答应了太宗还俗，自己的享受好些，对国家的贡献也许大些；然而他偏要任兴趣，译书！牛顿、哥伦布的发明或发现，都不必是权衡利害的结果。太理智了，恐怕是没有文化的！

真正伟大的人格，也决不是只限于理智的发挥。

就普通人说，趣味的培养更是重在理智的考虑或者逻辑的根据之上！

（四）二书的优长

话说了这许多，仿佛只在挑剔。但二书各有它的优长。

在《新事论》中，有些看法极为根本。如："中国现在最大底需要，还不是在政治上行什么主义，而是在经济上赶紧使生产社会化"（页一八四）；"在现在世界中，国是经济单位"（页六九）；"在生产家庭化底社会里，没有儿童问题，亦没有妇女问题。在生产社会化而支配家庭化底社会里，有儿童问题，亦有妇女问题。在生产社会化，支配亦社会化底社会里，儿童问题解决了，妇女问题亦自然解决了"（页一一一）。这都是探本之论。

在《新事论》中，也有些说法极为精彩。如：乡下人中虽然彼此亦有榨取，但是"站在乡下人的观点，城里与乡下的对立，至少对于乡下人是更重要底"（页五四），以喻民族的战线更重于阶级的战线，此其一。用"以家为本位底生产制度底社会，与行以社会为本位底生产制度底社会相遇时不可避免底结果”（页一九二）以说明这次中日大战的发生之必然性，此其二。指明中国一贯的国风，是道德底价值高于一切，所以“在过去我们在这种国风里生存，在将来我们还要在这种国风里得救”（页二一五），此其三。又说：“有儒家墨家的严肃，又有道家的超脱，才真正是从中国的国风里养出来的人，才真正是中国人”（页二二六），此其四。本书虽限于论事，但对于人生，却也有很深刻的体认，他说人生如一个独木桥，过桥的人一面过桥，一面与桥下的魔鬼争斗，同时河里面也漂流些落下桥底人的死尸；又说人生里各种事都是以抢救底精神成功底，正如小说家所谓且战且走（页二〇六至二〇七），这里有体验，也有智慧，此其五。

以上所说，或不免与作者的其他话相冲突，如中国人之重道德，之严肃而又超脱，便与他的反对国民性之说不相容，而且这也不是“类”的观点了，然而无碍其为精彩。同时却也可见他那太偏于形式论的破绽了！

至于《新世训》，虽然太偏于理智，但著者未尝没有一个终极的艺术化的社会的理想，所以他说：“在我们的社会中，一般人所作底事，其无所为而为者越多，则其社会即越近于理想。”（页七三）此外，则作者给我们了许多智慧和世故，如：“一个人在某方面的学，只能完成他在某方面的才，而不能于他原有底才上有所增加”（页六七）；“事实上对于成功预期过甚者，往往反不能成功，不常写字底人，若送一把扇子叫他写，他写得一定比平常坏”（页七八）；“若我虽有过人之处，而众人不愿意承认之，则我虽有过人之处，而名亦不立，如所谓以才傲物者，大概没有好结果”（页一一二）；更说躲空袭不必有无益底恐惧（页一二六），做大事要对事过而不留（页一四二），细水长流乃是既勤且俭的好法，可以养生，可以任事（页一六八）：这该都是很有用的。

更奇特的是，《新世训》看作为一生活方法论，虽若有些不足，但不妨作为思想方法论看。如他对于“无为”二字的分析（页五八），这是可以药一般人的思想笼统的。

总之，理智的辨析，是他的二书之长，正如这是《新理学》之长然；但忽略文化的内容，忽略人生的整个，忽略情感的重要，则是其短。对现阶段的中国人的精神说，则把纯正深厚的情感自狭小鄙近的理智里解放出来乃是更重要的！

三十一年九月二十七日，作于渝郊

附录三：评《新人生观》

（一）我不能同意者

抗战以来，许多高瞻远瞩而有热情的学者，都注意到了青年问题。在这样的文字中，到现在为止，最精彩的，已有两部书，一是冯友兰先生的《新世训》，一是刚刚出版没有几天的罗家伦先生这部《新人生观》。

大概由于天性吧，我很难囫囵吞枣地承认一部完全无缺的书。越是好书，我就好像越同时发觉自己对它的不满来。但是这又何妨？“一部书之有价值，是因为它有些好处，而不是因为它没有毛病”。戈德斯密这话，是我永远服膺的。

我很爱罗先生这部书，我甚而恨不得急切地一口气介绍给一般“有肩膊，有脊骨，有心胸，有眼光而有热忱的中华儿女，尤其是青年”（原书自序）。但是下笔之前，我却同自己先商量了一下，何如偏把自己先耐一耐，也把读者耐一耐，先说说我对这书的不满；不满说过之后，再痛痛快快说它那优长？

在根本态度上，我有一点小的不同意。这是：罗先生一面讲信仰、理想、热忱，但他指示人的伦理态度，仍不免流露着多少是理智考虑的结果，而不完全是对于人生的理想极致之爱慕。罗先生自己也承认这一点，他说新的人生哲学不专讲“应该”（ought），而是要讲“不行”（cannot）；他又说不再持先天范畴之说，而只认为事实的需要，经验的结晶（页二）。因此他说：“你看见邻居人家生了瘟疫，你如果袖手旁观，就不免被传染。……要想独善那里是可能的事？”（页三五）又如他说：“一个人能够替大我尽责任，才能够实现自我。能够创造新的价值，才能享受和扩大新的权利。权利的享受，只是尽责任的结果；若是不负责任，而固守个人权利，则保守愈久，权利的范围愈小。所以我们唯有投身于大我中，尽人生所应尽的责任，充实自我，以扩张自我，乃有真正的权利可言。”（页七六）他举的例子是发明播音机：如果不去尽发明的责任，如何能享受保障发明的权利？如果不继续改善，如何能继续享受保障发明的权利？因为，“人家又有更新的发明了，他旧式的东西，一定无人过问，就算有法律的保障，又有什么用处？”（页七四）

这样看来，人之要助人，要尽责任，要增进人类的幸福，都是因为否则就有不利的结果而然。用罗先生的话说，就是因为否则就“不行”。这就是罗先生所谓“事实的需要，经验的结晶”。也就是我所谓多少是理智考虑的结果。

这一点，就是我不能同意处。因为这仍是利害的考虑。假若一个人打了防疫针，并且如果自信防疫针有效，岂不是仍可对瘟疫袖手旁观么？假若一个人可以用别的法子去垄断专利，像从前拳师去贼害其他敌手似的，那岂不是他仍可不求进步，而依然享受保障发明的权利么？他又何必去求改进？

所以我总觉得，不讲伦理价值，美术价值则已，一讲必须是绝对反功利的。这一点虽若迂阔，但是流弊少。从前人讲孝，爱说父可以不慈，子不可以不孝。现在讲大我，也只有认为不论社会或社会的分子对我如何，我还是要善尽责任。救疫就是天职，不管传染不传染到自己！发明并继续改善就是天职，不管保障不保障！

在反功利的观点上，我不能和墨家的思想妥协。罗先生的书中却常孔墨并称（页三、六、三六）。也就是在这一点上，我不敢苟同。孟子说："理义之悦我心，犹刍豢之悦我口。"我认为这是对于人生的理想之唯一的态度。

除了这点以外，罗先生其余的见解，我却完全悦服。

就文字论，全书十六篇文章，我不满意的只有一篇，这就是《知识的责任》。我觉得这篇一方面讲的是负责的知识，也就是对于知识的负责，另方面讲的是知识分子的负责，这是指"在事业方面要有改革，有建树"。这明明是两个主旨，在文中颇嫌混淆。这一篇虽有精意不少，但头绪有些乱，逻辑的衔接外，也有些地方嫌勉强。除了这一篇以外，那十五篇文章，却都光芒四射，不但是"有力的思想"，也是有力的文章了。

就全书的排列看，我觉得前后的次序也还可以重订。第一篇，没有问题，是《建立新人生观》，这是一个导言。次之，即应该是《扭开命定论与机械论的锁链》和《非观与乐观》，这两篇是表示著者的形上学态度的。又次，应该是，《道德的勇气》的《信仰，理想，热忱》，这两篇表示著者对于新人生理想的渴望。再次，《运动家的风度》和《荣誉与爱荣誉》，这两篇乃是树立一种硬朗爽健的理想人格的。更次，《目的与手段》和《侠出于伟大的同情》，这两篇则说明对于别人的人格的尊重和爱护。至于《完成责任到实现权利》和《创造与占有》可为一组，讨论的是个人与群的关系。《知识的责任》和《学问与智慧》可为另一组，讨论的是治学问题。最后，《弱是罪恶，强而不暴是美》、《恢复唐以前形体美的标准》和《文化的修养》三篇又可另成为一个单位，讲的乃是美育问题。除第一篇外，全书可以共分这七组。自然，全书的内容是有体系的，可是假若在形式上也有一种体系的排列，岂不更醒目？更好？

为令人一目了然起见，《知识的责任》不如索性改为《知识分子的责任》，《文化的修养》不如改为《文化的陶冶》。一说修养，容易令人联想到著者所不赞成的宋儒的“惩忿窒欲”上去，说陶冶，却就令人立刻明白是指的陶冶性情，绘画音乐文学的教育当然在内了。著者以为然否？

（二）人生之肯定与发扬

不满的地方说罢，现在专说这书的优长。

这书的长处何在？最大的长处在从哲学上肯定人生，给人以向上的勇气，指示人做一个健朗的现代人。这书不偏颇，不枯燥，不狭小。有的是深刻的体验，精辟的观察，西洋文化的神髓。同时，其中有入木三分地指出的中国的病根。这部书和一般指示青年的书不同处，是著者从实生活里获得了许多可贵的教训，又把这教训传达给读者。著者虽不是年事已高的人，但是他的生活经验是丰富的，正如他在人生各方面的趣味是丰富的。又加上他的敏感，所以他在人生的长途上所获已多。实生活所得的，与书本上所得的，迥乎不同。从生命上发挥的，和从冥想苦思上发挥的，也迥乎不同。“理论是灰色的，生命的树才是常青的”，歌德这话对极了！凡是有价值的书，往往是一个人的人格的反映。著者是有强烈的生命力的，这在他的字里行间可以看出来。

著者哲学的根据是怀悌赫德。他说：“宇宙是整个的，不断的程序，生命也是整个的，不断的程序。宇宙的系统，是有机体的整个，生命也是有机体的整个中之一个系统。这整个是有生命的，是创造的；生命也是有生力的，创造的。”（页六三）他又说：“在这真实空间构成的创造里，我们的生命是动的，真实的，更是创造的。我们的思想不能开倒车，我们不能背着时代后退。”（序、页一）因为在宇宙的系统里都是真实的，所以人生也是真实的。因为宇宙是不断的程序，所以人生也须是前进的。

其肯定人生的意思，在书中屡见。他一则说：“以智慧来扩大意志的自由，以意志熔铸人格的统一！我们的生命是有着落的，我们的道德是有标准的”（页六八）；二则说：“我们虽然遇着过人之中有坏的，但是不能对于人类无信心；虽然目击强暴，不能对于公理无信心；虽然知道有恶，不能对于善无信心；虽然看见有丑，不能对于美无信心；虽然认识有假，不能对于真无信心。我们要相信人类是要向上的，是可以进步的，我们的理想是可以到达的，我们的努力是不会白费的，因为宇宙的人生的本体，是真实的”（页一〇九）；三则说：“我们有现成丰富的自然物产和人力创造，供我们享受；有美丽雄壮的诗歌音乐，供我们娱乐；有伟大的生动的雕刻绘画，供我们欣赏；有无数哲人杰士用心血孕育出来的伟大思想，优美的文化，供我们取之不尽，用之不竭，我们还有什么可以悲观？我们自己如不努力发展生命，继续创造，配不配悲观？”（页五二）

因为肯定人生，所以就是人生里的痛苦，也认为有价值。他告诉我们“强者接受生命，生命自然含着痛苦”（页二四）。他告诉我们“没有无阻力的成功，没有无障碍的快乐”。（页五四）强者不怕痛苦，自然也就不怕毁灭。所以他说：“古人说盘石之安，但盘石不是有生命的。无生命的生活，过一万年有什么意思？”（页五）所以他说：“只有强者才不怕危险，不但不怕危险，而且爱危险，因为在危险当中，才能完成他人格充分的发挥。”（页十一）

从这种观点看，佛家和道家都是没有勇气的人。他们都太脆弱，一则想逃，一则想取巧。著者一方面反佛家的所谓涅槃（页二四、五二），一方面反黄老的阴柔（页四七），都是这个道理。

既肯定人生，于是求人生的充实和发扬。著者以自我的实现为整个人生的目的。“什么是自我的实现，自我的实现就是自我的完成。”这包括：从充分发展自己的肢体感官，使自己的体魄得到最完全的发育，到情感和情操，乃至思想和理想的实现，发扬，和完成（页六九至七〇）。

各方面的充实和发扬，就是强和美。作者是讴歌强与美的。但强与美并不是二事，强就是美。所以他一方面写了“恢复唐以前形体美的标准”，要求体格的健拔丰硕，一方面写了“文化的修养”，要求人在艺术中的陶冶，高尚的趣味的培植，但又写了“弱是罪恶，强而不暴是美”以阐明强就是美的真谛。

他提倡体魄的强，也还有更深刻的意义。这就是，像他说的，体质差的人，往往胆子小，没法贯彻强的意志（页九）。而且，弱者有三重罪恶：一是贼天之性，对不起天赋；二是连累别人，要别人照顾他；三是纵容其他强者的作恶（页二三）。那么，强不只是美的问题，而且是善了！

我常觉得人生问题不讲则已，讲就必须就“生”的方面去讲。前进，发扬，充实，这都是就生的方面讲的。凡是这样的思想，都是健朗的。我赞成歌德，我赞成孟轲，我赞成鲁迅，无非基于同一理由。那些不敢正视人生的人，主张开倒车的，走捷径的，压抑人的情感和理性，主张“形如槁木，心如死灰”的，或者打坐参禅的，便都是病态的。那便不是讲人生，而是讲人死了，这些我便都反对。

肯定人生，走向充实，发扬，健朗，启发人挺挺拔拔做一个人，这是本书的第一个长处。

（三）现代精神和持平态度

这种伦理观念，大家也许以为古已有之。不错，从前人是有过的。但有一点，却是完全被了现代的色彩。这一点很重要，我不能不提出来。这就是著者不只就个人立论，而且扩大到了民族或者人类全体。质言之，著者所说的，不只是个人伦理的理想，而且是民族的伦理理想。

例如，他讲到侠，最后便说：“我们要抱定侠者的精神，以整饬我们的内部，以扫荡我们的外寇。要是我们成功的话，我们还应当秉着这样精神，以奠定国际的新秩序！”（页三七）又如，他讲到荣誉，就说：“我们今日不但要提倡个人的荣誉心，和对于荣誉的强度的爱，而且要提倡集体的荣誉观念；集体的荣誉观念，就是个人对团体的荣誉之爱。……扩而大之，一个社会，一个民族，一个国家，要不没落和毁灭，必须由构成他的分子共同努力维持和增进他集体的荣誉！”（页四二）再如，他讲到责任和权利，他便这样说：“不尽责任，便不当享受权利。个人如此，国家亦然。比如第一次世界大战结束的时候，比利时就因为她已经尽了她国家的责任，所以能得战后应得的权利。中国也是参战国之一，但为什么得不到这种权利，就是因为中国在名义上虽曾参战，其实是参而不战，并未尽真正参战的责任，那有资格去享受权利？”（页七四）

这种由讲个人伦理，而讲到民族伦理（或者说集体伦理），是以前的伦理学所少注意的。这是代表现代精神处，这是本书的第二个长处。

抱过分乐观态度的人，或者假装抱乐观态度的人，往往以为民族的生命是悠久的，文明是不会毁掉的。但作者却就照实说：“生物的种属是发展的，也有消灭的；人类的种族，有继续繁盛的，也有只余遗迹，供人凭吊的；中道崩殂的文化与文明，不知道有多少。就是现在存在着的人类及其文化与文明，若是不用智慧去指导他的方向，而恣意摧毁，或是停滞不前，也终究免不了被时间卷去的劫运。”（页五四）这种不故作耸人听闻的态度，不说官话的态度，是值得珍视的。表现这同一态度的，是论到环境和意志，他不否认环境的限制，只是在这些限制之中，我们有选择的意志的自由。而且，“我们的智慧愈高，则脱离本能的支配愈多，而意志活动的范围也愈大”（页六五）。这都是持平之论。在这种持平之论里，反而更容易让人作戒慎恐惧的打算。幼稚的悲观，固然不必；幼稚的乐观，也容易误事。这种理智的、平实的、客观的、不偏倚的态度，是本书的第三个长处。

（四）对于中西社会之体验的结晶

最后，我要申明这部书中之可贵的体验成分了。这种体验，可分为两类：一是从西洋社会中所获得的，一是从中国社会中所获得的。

从西洋社会中所得的，多半是一种新的伦理之建立，从中可以看出西洋文化的神髓；从中国社会中所得的，则多半是古老的社会之需要改弦更张的所在。前者像新鲜的空气一样，给我们一种新的刺激和憧憬；

后者却像看一个旧建筑物一样，指明了那应该让人担心，准备修葺，甚而改建的地方。

举例来说：著者因为看见美国费勒得菲亚城演《林肯》的剧本，而感到一个人接受大责任时的戒惧（页八）；因为看见法国的电车乘客都为附近的殡仪致敬，而感到他们同情心的发达（页三四）；因为看到美国陆军军官学校的校训是“国家，责任，荣誉”，而触起荣誉心的提倡（页三八）；因为看到美国普林斯顿大学与耶鲁大学的足球赛，事先有誓师典礼，祷告词有“我们祈求胜利，但是我们更祈求保持清白的动作”，于是而有《运动家的风度》一文之作；再看到罗斯福竞选胜利了，而第一个贺电是来自失败的威尔基，于是又悟到服输的精神之可贵（页四四）；因为看到法国发现镭的居利夫人而没有一点镭，后来美国妇女集巨款买了一克镭送她，但她仍然送给研究所，于是感到创造而不占有的伟大（页八八）。凡此五事，都是从西洋社会中体验而来的，这几乎全是他这部《新人生观》的酵母——有价值的酵母。

反之，他在中国社会中，却看到中国的官僚政治是把责任当作一个皮球，上下交踢了（页一六）；看到中国的思想界是太容易接受思想，也太容易丢掉思想（页一七），而且奇异的是常有杂家出现，大出丧时的和尚道士喇嘛军乐队同时并列就是中国人思想的缩影了（页一八）；看到中国人对于翻车的或溺水的并不救助（页一二）；看到上海人被盗是叫失火，因为否则隔壁便不敢出头了（页三四）；看到中国人的运动会双方带着呜呼某校的小旗，甚而讲国学的老校长也随本校的胜利消息而大笑或痛哭（页四五）；看到中国人对于宗教的容忍虽然是美德，但却也是由于缺少宗教热忱了（页一〇八）。凡此七事，令人看出中国社会的缺点。

总之，著者在西洋方面所体验的，是好的，在中国方面所体验的，是坏的。孟尝君对冯驩说，要买“视吾家所寡者”，后来冯驩于是为他市了义来。现在著者也便是在西洋把中国所寡有者买来了！他和冯驩有着同样的成功。

在这方面说，这部书也可说是他在中西社会中所体验的结晶。假若“五四”运动是代表西洋文化输入的一种运动时，这部书也可说是“五四”精神之更提炼的继续发挥，它是体验来的，是现代的，是西洋文化精神的，这是本书的第四个长处。

犀利而有趣的笔锋，富有智慧的警句，以及牵涉方面的广博，那都算余事，所以也就不必特为宣扬了。

三十一年三月十六日

四、中国文化运动的现阶段

（一）

就小处说，各个形形色色的思想可以不受时代的影响；就大处说，凡是一时代的思想运动却没有不受时代精神的支配的。中国近百年以来，则是旷古未有的一个大变局，其变动之大，可说除了由周到秦的变动可以略微比拟以外，简直没有第二个。因此，它那支配这一段落的思想形态处，也就最为显然。

这一个大变局是什么变局呢？原来就是民族自信的大试验期。在这以前，我们民族的自信从来没有动摇过，可是这次不然了，我们确乎是处处相形见绌了。起初只是坚甲利兵不行，后来又知道声光化电不行，最后觉得义理词章也远不如泰西了。

像一个动物受了太大的震撼性的刺激一样，它各处乱窜，觉得一无是处。在只觉得坚甲利兵不行的时代，我们犹可以自己的哲学与艺术自慰，我们的态度还是在鄙夷着，到了觉得声光化电也不行的时代，我们就只有让步了，但让也还只让半步，这就是所谓“中学为体，西学为用”；觉得连义理词章也不行了时，于是整个让步了，因而有所谓“全盘西化”。

“全盘西化”的主张之出现，就证明是我们自信力的丧失之达于极峰。严复、林纾、王国维已是序曲，“五四”运动则正式开场。但盛之始，也就是衰之渐，在自信力的丧失达于极峰的时候，时代变了！

“九一八”是中国另一个文化运动的前奏号音。我们要回到中国来！作为代表的意义的，这就是后来十教授“中国本位”文化运动宣言。

真的，中国近来学术的进步，从没有赶上“九一八”以后这一段落的速率的。为什么突然有这样的进步？拆穿了说，学术的盛衰也还是民族政治能力的盛衰的反映——不，不如说二者乃是同一精神的表现。

“九一八”的表面虽然是退让，但民气已经不同，物质条件已经不同，所以隔了三个月的上海“一·二八”战事，我们已经可以小试其锋，隐忍了五年，“七七”大战开始，我们的力量就真正表现出来了。

我们在国际政治上不屈膝了，在学术上当然也不屈膝。现在真是我们国运有了极大的转变的时代。本年国庆时，英美同时宣布取消在华特权。到此为止，我们百年来的压迫，差不多算是结束了；我们的解放运动，算是将次完成了；自信的大试验期已经渡过，我们可以终于经得住这个试验，并克服这个试验了。

我们在这样的局面下的文化运动，到底何去何从？仍然中学为体，西学为用么？还是单纯地全盘西化？抑是空洞地中国本位？这些路究竟通不通，值得不值得走？

（二）

一般人很诟病中体西用这句话。我对于这句话也一向没有好感。我一见这句话，就宛然像看见清末民初的那些留半截辫子的维新党，或者那时既缠又放的女人脚一样。好像太不彻底了，并且又露出有一种外强中干来，以中为体，不过是一点面子问题，实在已经没有什么自信可言了！

然而这句话不妨加以分析，第一是，是不是“真”觉得中是体，西是用？第二是中国的体到底是什么？西洋的用到底是什么？第三是，对一种文化是否可以只取其体而不取其用，对另一种文化则只取其用而不取其体？

假若这些问题不能答复，这个主张就不能巩固。我们看，中体西用的毛病并不如反对者所想象之大，它只是太笼统，又缺乏支持的能力而已。

当作一种认识论看，体用是很难划分的。这难分正如文学作品上内容与形式之难分然。然而假若当作一种方法论，当作一种作法的比喻看，我想并没有什么不可以。中学为体，无非是取中国的文化传统为根本原则，西学为用，无非是采取西洋的技术以为辅助。例如了解中国的哲学吧，我们很可以用西洋的分析方法，以中国人的传统哲学为对象，整理之。这难道有毛病么？现在人，任何治中国学问的，除了真正冬烘者之外，又哪个不是采取这个途径的？

所以我觉得中体西用这句话的毛病，不在这话不对，是在当时人并不了解其中的意义（世界上往往有自己说出的话而不知其意义者）。因为不了解其中的意义，所以主张并不坚定，也就是并不能“真”持中体西用的看法。

其次是，中的体到底是什么？西的用到底是什么？当时人是模糊的。换句话，就是中国文化传统的长处到底是什么？以此为体，到底是基于它的本身价值，还是只由于吾人爱国的情绪？我们可采取自西洋的，到底是什么？为什么要采取它？所谓采取它，到底是种饰词么，其实是不能不完全向它缴械？抑还是真正只可为“用”，不足为“体”？

要答复这样的问题，不是简单的。现在只可以说，中国过去的文化特长是在人生方面，其精神是审美的。《乐记》上每说“人情之所不能免也”，人本主义就是我们一切文化的根本。本来，文化不过是为人生的，讲人生须就“人”的立场，并须就“生”的立场。中国过去的文化特点却就是如此。“未能事人，焉能事鬼”，“未知生，焉知死”，这完全可以代表中国人思想的着重点。“天行健”本来可以推行为动者恒动的宇宙法则，然而因为是产生在中国，所以继之以“君子以自强不息”。我们的趣味是在人而不在物，多么显然！

在重“人”之中，我们又采取一种审美的看法。审美是意志与理智中间的一种状态，重在感情与感觉。这就是中国讲“中庸”的道理，这也就是中国讲“人情之所不能免也”的道理，这是中国文化的真精神。因为是我们的真精神，所以短长皆是放此。短处是我们对于物太忽略了，我们对于知识方面太看轻了，知识的方法、实验和逻辑，也太不讲求了，然而长处是讲“人”的话却没有中国讲得这样好的，情感方面的发挥——艺术，却也高于任何民族。真的，我们的一切都艺术化。谁的家庭没有对联？没有四扇屏？过去的读书分子谁不会画两笔，写两笔？历史上君臣相遇往往是文字缘。中国简直是一个诗国！试问这种对于人性的探求与重视，这种审美态度的发挥，是不是可以作为“体”呢？我觉得当然是可以的。因为既生而为活人，人生问题就应该高于一切。而在人生问题之中，意志的偏重则多争，理智的偏重则枯燥，只有审美的态度是最佳的解决。所以，以中学为本者，就是以人生问题为第一，以美育为首要态度，假若明了这意义，则这话并不错。

另方面，西洋的文化特征是在物方面，是在理智与意志方面。它的最大贡献就在对于自然的了解与征服，就在科学知识的构成，以及“浮士德式”的追求不已的精神。西洋的一切都是科学化，正如中国的一切都是艺术化。西洋的科学化到什么地步呢？连艺术也都科学化。所以他们讲透视，讲比例，讲建筑学的原理。最荒唐的未来派，其实是受了近代物理学上重视“能力”的结果。一匹马画五条腿，这不是幻想，而是更写实！因为马在跑的时候予人印象如此，故如实地画作如此。这种文化是不是可以作为根本呢？我想并不可以。因为人总要以人为本位，不能以物为本位，物当然要为人用。人之中，当然以人情为本位，不能以理智为本位，或以意志为本位。因为以人情为本位，理智可使人情深，意志可使人情厚，当然好。否则以理智为主，情将不真，意志也将不能发挥力量；以意志为本，则理智变为侵夺的工具，情感变为泛滥的生杀予夺。西学为用，并非以其为西学而居于用的地位，乃是因为性质如此，我们希望西洋人也要以西学为用呢，人类才可幸福些。

至于第三个问题：一个文化可否体用分开？我认为当然分不开，我们并非把西学分成体和用，只取其用，又把中学分成用和体，只取其体，我们乃是采取整个西洋文化，然而要知道这种文化是只可为用的。

我们这种说法和前清人不同的又一点是：并非一时之计，而是久计。人类的幸福天然应该建在人生的和谐上，并非建在霓虹灯和自来水上。只是后者可以为前者之助而已。人类的生存更非建在机械化部队和跳伞部队上，所以如此者，只是不得已。不得已，可以为常乎？所以，以中国文化为本位者，乃是久计，并非暂计，乃是为人类计，非止为一民族计。“夫道一而已矣”，决不会一条合适的路只局于一时一地！

这样说，假若知道中体西用的意义时，于是并无可厚非。

（三）

全盘西化，也可以有不同的解释。或者抹杀所谓中国文化，像“五四”时代，把一切古书丢在茅厕坑，“孔家店”之要打倒之类，这自然是一种意义的全盘西化。或者指对于西化不能点点滴滴地吸收，吸收须整个，但吸收整个不见得抹杀自己，如歌德、席勒、温克耳曼之吸收希腊然，这是又一种意义的全盘西化。

假若是前者，我们实在不能苟同。文化是不能专靠移植的，根深蒂厚的培养还是在本土。我们觉得并没有那种废弃中国一切传统的必须。而且也不可能！那就真像鲁迅所谓拧着自己的耳朵要脱离地球那样艰难了！——可惜鲁迅自己却受时代的影响，在当时也做了一些拧自己的耳朵的工作。

假若是后者，我们却无可厚非。吸收要吸收整个，不过是说彻底而已，未必即放弃自己的立场。而且真正吸收的话，先要了解。了解在神不在貌。辜鸿铭盘辫子，穿马褂，但他吸收的西化恐怕比那些只知道洋服革履的人高得多。可见全盘者在见其底蕴，而不在巨细不遗之迹。在这种意义之下的西化，我见不出与中学为体，西学为用有什么冲突！

（四）

最后，说到“中国本位”。中国本位的文化运动，确代表一种觉醒的运动。但我们不愿这名词为反动复古者所借口。中国本位，并不是以中国代替了一切。

我们不希望中国本位是一种矫枉之策，我们希望这是一条常策。任何国家都应当以自己为本位，况且中国文化又有一些值得作为本位的优长？以中国为本位者，并非抹杀中国以外的东西。这样说来，我就看不出和中体西用有什么差异了。

真正的道理是只有一个的，真正的建国途径也只有一个。所以中体西用，全盘西化，中国本位，未尝不可通。既然如此，我们就采取中体西用一个口号可以不可以呢？但我觉得并不可以。这是因为我们之所以充分了解中体西用之意义者，乃是由于经过后来全盘西化和中国本位的呼声两阶段之故。同用中体西用，却已不是原始的意义。

假若就三个名词看，自仍以中体西用为最少流弊。假若把这认为是正，全盘西化就是反，而中国本位是合。合往往近于正，而超过之。所以现阶段的文化运动，就是近于中体西用，而又超过中体西用的一种运动。其超过之点即在我们是真发现中国文化之体了，在作彻底全盘地吸收西洋文化之中，终不忘掉自己！

文化是有机的，绝不能截取。文化是延绵的，绝不能和传统中断。但文化也是生长的，它需要外界的营养，正如它需要原来的土壤和水分。就其接受传统而言，就其需要原来的土壤而言，则中国现阶段的文化运动乃是一个“文艺复兴”！路没有白走的，百年来的“试行错误”，就是这文艺复兴的长期准备。我们愿意文化与国运并隆！

三十一年十一月二十八日

五、中国文化传统之认识（上）：儒家之根本精神

（一）

如果说中国有一种根本的立国精神，能够历久不变，能够浸润于全民族的生命之中，又能够表现中华民族之独特的伦理价值的话，这无疑是中国的儒家思想。

儒家思想自成一种博大精深的体系，曰仁，曰礼，曰命，曰敬，曰忠恕，曰性善，曰大同小康……都是它的内涵。甚而至于中国的政治、经济、法律、教育、艺术……以及其他中国文化的各部门，可以说没有一样不为中国儒家之思想所渗透、所灌溉。但现在我要说的，却不是这些，乃是问这些灿烂光华的枝叶，都

是从什么地方推行、发展起来的？换句话，就是问中国儒家的精神核心是什么？

（二）

讲儒家，就先要讲孔子，——孔子是奠定中国儒家的思想的人，也是把中国民族所有的优长结晶为一个光芒四射的星体而照耀千秋的人。但是许多人并不真正了解孔子。在当时人心目中的孔子，不过是一个经多见广的百科全书式的人物，明白说，佩服他的，不过是他的知识。

其实孔子的真价值，却无宁在他那刚强、热烈、勤奋、极端积极的性格。这种性格却又有一种极其特殊的面目，即是那强有力的生命力并不是向外侵蚀的，却是反射到自身来，变成一种刚强而无害于人，热烈而并非幻想，勤奋而仍然从容，极端积极而丝毫不计成败的伟大雄厚气魄。倘若作为一种艺术看，可说从来没有这样完美无缺的雕像；倘若作为一种剧本看，也可说从来没有这种精彩生动的脚色！

往常我曾以为像孟子那样绝顶聪明，又那样刚健爽朗，慷慨热情的人，只因为遇到（在精神上遇到）

孔子而锋芒一敛，便作为循规蹈矩的人了。现在一看，却原来另有真理的一面，即原来孔子也正是一个收敛了的孟子。从此我恍然，至圣和亚圣的称号是丝毫不错的，二人的精神在本质上原来是丝毫无异的。这孔孟一贯的精神，便是彻头彻尾，贯注了四千年的祖国文化；在这之中，洗炼了老庄思想的杂质；又熔铸了印度思想的异质的。

（三）

我说孔子思想有彻底的、激烈的一方面，这可以《论语》为证。“非其鬼而祭之，谄也；见义不为，无勇也！”（《为政》，二十四）“朝闻道，夕死可矣！”（《里仁》，八）“志士仁人，无求生以害人，有杀生以成仁。”（《卫灵公》，九）我不知道什么话比这更彻底，更激烈，更“力有万钧”了！那老子庄子比起来，简直是蚊子哼哼！

孔子常讲仁，但仁不是空洞洞的假慈悲，“微子去之，箕子为之奴，比干谏而死”（《微子》，一），孔子才说：“殷有三仁焉”，这其中有一种忠毅坚贞的积极精神在！

看吧："学如不及，犹恐失之"（《泰伯》，十七），"发愤忘食，乐以忘忧"（《述而》，十九），到老了，还是"不知老之将至"，依然惦记着他的心事，"甚矣吾衰也，久矣吾不复梦见周公"（《述而》，九）！

他最喜欢水，"子在川上曰：逝者如斯夫，不舍昼夜"（《子罕》，十七），为什么？只因水是他那丰盛的不休歇的生命力之象征！

在他那积极勤奋之中，却有一种不计成败的精神，即"知其不可而为之"（《宪问》，三十八），而且有一种乐趣；"君子坦荡荡，小人长戚戚。"（《述而》，三十七）所以他的进取，不是躁进，不是蛮取。他既没有像"浮士德"那样在进取中有些烦闷焦灼，也不像康德那样书斋生活的单调枯涩，他乃是像音乐名家的进行曲一样，紧张而有节奏，丰富而有韵致！

然而，"岁寒，然后知松柏之后凋"（《子罕》，二十八），他是一个再刚强也没有的人物！

（四）

孟子是第一个了解孔子的人，所以反映在孟子书中的孔子大抵是孔子的真面目。

反映在孟子书中的孔子很彻底而不妥协。其中有“孔子曰，道二，仁与不仁而已矣”(《离娄上》，二)，简单明了，毫不游移模糊。又有：“孔子曰：恶似而非者，恶莠恐其乱苗也，恶佞恐其乱义也，恶利口恐其乱信也，恶郑声恐其乱乐也，恶紫恐其乱朱也，恶乡愿恐其乱德也”(《尽心下》，三十七)，森严而不苟且，毫不妥协！

孔子之喜欢水，孟子解释得最好；“徐子曰：仲尼亟称于水曰，水哉水哉，何取于水也？孟子曰，源泉混混，不舍昼夜，盈科而后进，放乎四海，有本者如是，是之取尔”(《离娄下》，十八)，“本”是什么？正是积极不懈的生命力。

大凡同样的对象，最可以看出人观感的不同。例如同是“沧浪之水清兮，可以濯我缨，沧浪之水浊兮，可以濯我足”的歌，在《楚辞》中的渔父听了，感到：“圣人不凝滞于物，而能与世推移”，这就是老庄一派随波逐流，自命聪明的人物的观感。可是孔子也听见这歌，却说：“小子听之，清斯濯缨，浊斯濯足矣，自取之也。夫人必自侮而后人侮之，家必自毁而后人毁之，国必自伐而后人伐之。”(《离娄上》，八）我说孔子那强有力的生命是反射到自身来的，此处表现于孟子书中的孔子正是如此。

孔子的彻底精神，又表现于对大小事也负责尽职上，“孔子尝为委吏矣，曰会计当而已矣，尝为乘田矣，曰牛羊茁壮而已矣”（《万章下》，五），我想这是很真确的。因为孔子最崇拜周公，而周公正是忠勇负责的。

孟子得孔子的真精神，所以他一方面说：“君子创业垂统为可继也，若夫成功则天也，君如彼何哉？强为善而已矣。”（《梁惠王下》，十四）——这就是知其不可而为之。一方面又说：“仁者如射，射者正己而后发，发而不中，不怨胜己者，反求诸己而已矣。”（《公孙丑上》，七）——这就是把强有力的生命力反射到自身。更如讲浩然之气，也正是孔子那种勤奋不懈而绰然有余裕的精力毅力之具体化。

（五）

不唯表现于孟子书中者如此，即表现于其他经典中者亦无不如此。

在《易经》上，“天行健，君子以自强不息”，“龙，德而隐者也……确乎其不可拔，潜龙也”（乾卦），这不是我上面所说的孔子积极精神是什么？又说：“君子进德修业，欲及时也”，这就是“学如不及，犹恐失之”的勤奋状态。更说：“亢之为言也，知进而不知退，知存而不知亡，知得而不知丧，其唯圣人乎？知进退存亡而不失其正者其唯圣人乎”！这也就是孔子“知其不可而为之”的气魄。这决不是意志薄弱的老子，和专说漂亮话的庄子所能梦到的（老庄的思想，我总觉得表现一种不免带了 inferiority complex 的病态！）

另如：“刚健而不陷，其义不困穷矣”（需卦），“其德刚健而文明”（大有卦），“刚健笃实辉光，日新其德”（大畜卦），这都代表一种刚性的文化。这种人生态度，乃是由于对宇宙采取一种动力学的观点（Dynamic Point of View）而然，所谓“天行健”，所谓“天地之道，恒久而不已也”（恒卦），就都是最扼要的说明。以这样的“世界观”作背景，所以这种思想自成体系，自成面目，非任何势力所能动摇了。在《易经》中且同样表示这种人生态度是自有其乐趣的，所谓“君子以独立不惧，遁世无闷”（大过卦）是。原因即在其积极性不是侵蚀的，乃是自反的，所谓“君子以反身修德”（蹇卦）。《易经》中所表现的精义，也都与上面所说的孔子根本精神相吻合。

表现于《礼记》中者亦然。“临财勿苟得，临难勿苟免”；“父母在，不许人以死，不有私财”；“父之仇弗与共戴天，兄弟之仇不反兵，交游之仇不同国”（《曲礼》），这是多么硬朗的人格！在《儒行》中更有“爱其死，以有待也；养其身，以有为也”；更有“儒有可亲而不可抑也，可近而不可迫也，可杀而不可辱也”，这是什么态度，这是什么精神！在《聘义》中说：“勇敢强有力者，天下无事，则用之于礼义，天下有事，则用之于战胜。用之于战胜，则无敌，用之于礼义，则顺治；外无敌，内顺治，此之谓盛德。故圣王之贵勇敢强有力如此也！”以至于在《中庸》中所表现的“强哉矫”，“困而知之”，“勉强而行之”，“有弗学，学之弗能弗措也；有弗问，问之弗知弗措也；有弗思，思之弗得弗措也；有弗辨，辨之弗明弗措也；有弗行，行之弗笃弗措也。人一能之，己百之；人十能之，己千之”，都含有一种用力精勤，反求诸己的原动力！

就是表现于《春秋》的，也是孔子热烈、积极的一方面。“《春秋》为尊者讳，为亲者讳，为贤者讳”（闵公元年《公羊传》），可见在是非之公，立法之严里头，仍不掩一种深厚宏大的情感。其疾恶如仇，是绝不妥协的，“九世犹可以复仇乎？虽百世可也”（庄公四年《公羊传》）；“此楚子也，称人何？贬。曷为贬？为执宋公贬；故终僖之篇贬也”（僖公二十七年《公羊传》）；这决不是一种一发泄就松了劲的情感可比。尤让人感动无穷的，则是其中一种油然的爱国爱乡的热情，例如西狩获麟一事，“非狩而曰狩，不获麟，故大其适也。其不言来，不外麟于中国也；其不言有，不使麟不恒于中国也”（哀公十有四年《穀梁传》），这是多么温暖而没有伤害性的情感！

我不举《诗经》《书经》例证者，因为二者都是在孔子以前就有的现成物；至于《易经》《春秋》不然，这其中或则有着孔子的手泽，或则渗透着孔子的教化，所以孔子的真影子都确然可见，呼之欲出！

我们这样所见的孔子的真影子，乃是儒家的根本精神。这种根本精神，乃是像试金石一样，可以验后来儒家之真伪的！

（六）

汉朝董仲舒有过一句话：“夫仁人者正其谊不谋其利，明其道不计其功”（《汉书》卷五十六），我们试用上面的金石试一试，可知毫无问题，这是真正的儒家！

三国时诸葛亮又曾说："鞠躬尽瘁，死而后已。成败利钝，非所逆睹"，这与儒家的根本精神也若合符节，无怪乎清代的江永赞叹说："尤近儒者气象。"

宋儒中程朱对于儒家精神更是极其了解的。程子说："今之为学者，如登山麓，方其迤迩，莫不阔步，及到峻处，便止；须要刚决果敢以进"；又说："利害者天下之常情也，人皆知趋利而避害，圣人则不论利害，唯看义当为不当为，便是命在其中也。"朱子说："看来这道理，须是刚硬立得住脚，方能有所成就，曾子子思孟子都是如此刚果决烈，方能传这道理；若慈善柔弱的，终不济事"；又说："为学须刚毅果决，悠悠终不济事，如发愤忘食，乐以忘忧，是什么精神，什么骨力！"他们都能看出中国儒家精神的核心，是刚性的；皆可证我在前面不是随便乱说。

清朝曾国藩那"只问耕耘，不问收获"的名言，也仍是中国儒家那一贯英勇的气度。

所以我说这种精神，是中国的立国精神，所以历久不变，川流不息。

（七）

又不止表现在士大夫间而已，却扩而充之，到了没读书、没识字的老百姓身上。

现在我可以举武训。他以叫化子而兴了三个义学。他尝说："食蝎子，吃蝎子，修个义学我的事"，"蛇可食，不要怕，修个义学，全在我自家"，这都是反求诸己的精神！他也同样在不计成败，勤奋苦斗之中，富有无往而不自得的乐趣。所以他有一次因庙塌了，伤了头，他却说："打破头，出出火，修个义学全在我"！套朱子话我也要说："这是什么精神，什么骨力"了！

可见这种精神，不特是中国所历久不变的，而且又是浸润于全民族之中的！普化到任一个国民的灵魂和血液的！

（八）

我说这是儒家的根本精神，但是我又要说在这外面却又经过了一种的锻炼。其本质是刚性的，但其表现却无妨是达到一种炉火纯青的地步：那就是珠圆玉润，温柔敦厚，“从心所欲不逾矩”，“尊德性而道问学，致广大而尽精微，极高明而道中庸”。——原来孔子是一个收敛了的孟子！收敛了的！

只有从这种根本精神上可以了解中国人的美感——美感是文化的最高结晶。我们中国在古代喜欢玉，在近代喜欢瓷。为什么？因为他们本质坚硬而外表致密、和谐、一无所窒碍的残渣故！中国的画，讲究“百炼钢作绕指柔”，中国的字，讲究“锥画沙”，“屋漏痕”；这都是刚性的，但又是和谐、有韵律的！（中国的真正艺术造诣是壮美而不是优美，此处不能详及。）

中国在诗人中，推崇杜甫。试细观杜甫的全集，他不是没有豪气的；其生命力的丰富，也未尝不升天入地，然而他完全把它锻炼了，而纳之于规矩方圆之中。所以我们读起来，并不觉得飞扬跋扈，却是深入于生活之中，力透乎纸背之外，酣畅淋漓，沉厚雄健！中国人之喜欢杜甫，即是和崇拜孔子同一理由：那里是一个收敛了的孟子，这里是一个就了范的李白！中国人是喜欢刚性的，但又喜欢那刚性是蓄藏的！

懂得这个道理，才能了解中国人之爱好和平。前些日子英伦牛津大学的来电称："英国人士对于中国文化学术之真义与价值，在过去不无惑疑之处，但时至今日，一方鉴于狭义国家主义之横暴相仇，一方感于中国反日态度之庄严镇静，究竟谁为世界文化之领导者，吾人当无疑义矣"（据一月二十四日《大公报》中央社译文），这番话，我们当然不能据以自矜，但其中有一点是真实的，就是外国从前对于我们文化学术之真义与价值，不无疑惑之处。是的，真有一点奇怪，中国一方面何以是最爱和平的民族，何以一方面又是御侮最英勇、最不挠的呢？这答案只有问中国传统的儒家精神！

二十八年二月四日于中央大学

六、中国文化传统之认识（中）：古代的审美教育

（一）审美教育之本质

不懂美学，不懂教育，没法谈审美的教育。中国古代的美育很好，这是因为那时有极健康、极正确、极博大精深的美底概念，而教育的建设又那么美备之故。近代不然，旧的审美观念（那背后有一种系统的美学，虽然古人不曾系统地写出来）破坏了，新的却没有建设起来，至于教育，又是流入于狭义的只知道传授技术之一途，所以美育遂也在似存似亡之间了。要建设美育，只有先建设美学。——美育不发达是美育不能推行的最大原因！

现在一般人对于美学，还没有普遍深切的认识。大家知道美学是研究美的，但是向什么地方去研究美？美学何以成为一种科学？美学之高深处何在？美学之切于人生日用处又何在？这在一般人还是很模糊的。现在简单地说，美学向四个方面去研究美，她要研究自然底美，她要研究艺术底美，她要研究人类在主观上构成美感时（无论创作或鉴赏）的心理状态，她要研究那成了抽象原理的美底概念。自然底美和艺术底美，都有其共同而普遍的律则，所以成为科学（美学）的对象。人类主观上美感的构成亦然。但是美学并不只此而止，这样就还是散漫的，就还是好像没有源头的死水一样的，然而不然，她有一线穿成者在。她有作了深厚的源头和根底者在，这是什么呢？这就是形上学。由形上学，她于是研究到了那成为抽象原理的美底概念，可说每一种美学，都有一种相当的形上学为之基础（实验美学是例外，但实验美学只是物理学或心理学的一支，不够称美学；美学论价值，而实验美学却只讲现象）。凡创造一派美学的人（除了实验美学），也都是有创造一种形上学的能力和气魄的人，远之如柏拉图，近之如黑格尔。因此，美学不是点点滴滴的饾饤之学，也不是蜻蜓贴水式的浮面之学，她有贯穿着的伟大系统，她有创造性的深厚的根源，这就是美学的高度和深度。

至于美学是不是专让哲学家作运思的对象，与一般人生日用没有关系呢？绝对不是的。美学上的原理，大而关系整个民族的世界观人生观；小而关系各个国民的起居饮食。我记得在前几年的一期《大西洋月刊》（The Atlantic Monthly）上，有人写过一篇文章，他说人类第一次的教育是得自地板，因为小孩在没会走以前，总是在地板上爬。地板的颜色美恶，足以影响这个小孩子终生。因此他劝贤明的父母务必注意这儿童第一次教育所自的地板设计才好。我当时读了，就有一个深深的感触，中国的小孩哪里有地板可爬？爬的都是污秽的土地，无怪乎长大了，个个都十分贪污而且卑鄙！美在人生中的地位是这样重大，美学之关系于人类之切，也就不言而喻了。

况且美学的真精神是在反功利，在忘却自己，在理想之追求。这是成功任何大事业所必不可少的精神。在美学里，让你知道内容与形式之一致，抽象与具体之相符，肉体与灵魂之不可分，有限与无限之综合为一；在美学里，让你知道理智与情感之如何调和，神性与兽性之如何各得其所，社会与个人的冲突之如何得到公平的解决；在美学里，让你知道应如何赋予生命力以优美之形式，人在生活中当如何入乎其中而又出乎其外，当如何积极而不执著，失败而不颓丧，并如何无时无地而不游刃有余；在美学里，更让你知道如何就人类的伟大成就——艺术——中而得到互相认识，互相信赖，由心灵深处的互相交流而人类之真正福利与真正和平乃自天国而降在地上。这其中艺术的原理也就是人生的原理，美的极致也就是善的极致，现在理论的极峰也就是将来人类在建造新社会时实践的极峰。这些是美学的神髓，也就是美育的真正内容。

教育是什么？凡是使人类全体或分子在精神上扩大而充实，其效力系永久而非一时者，都是教育。在这样意义之下，教育实在本质上是期待着美学的。从此可知美育不止是多种教育中之一种，而且是最重要之一种，甚而可说是最符合教育本义之唯一的一种。何者？知识的教育是偏枯的，道德的教育是空洞而薄弱的，技能的教育更根本与精神的扩大和充实不相干的，却只有审美的教育可以以全代偏，以深代浅，以内代外，可以铸造新个人，可以铸造新人类，教育所涉及的是整个生活，而不是生活的一部分，是打入生活之中，而不是附加于生活之外，这也只有美育可以负荷了这种任务的。但是现在符合这种意义的教育何在呢？美育又何在呢？

（二）古代人美的概念与其形上学

现在没有，古代有。美育以美学为基础，因为古代有健全的美学，所以有完善的美育。

何以知道古代有健全的美学？这是因为古代有健全的美的概念，孟子说："充实之谓美"（《尽心》下），这可说是再好也没有的美的定义。但这不是孟子一人的私见，你看荀子也说："君子知夫不全不粹之不足以为美"（《劝学》篇），主张"全之尽之，然后学者也"，全之尽之，实即等于孟子所谓充实。更从老子看，他说："美者不信，信者不美"（据俞樾校勘），这是一个反证。老子常常故作反案文章，一般人说天地之仁，他就偏说天地不仁，现在他说美者不信，便可知当时一般人是认为"美者信"了。信是什么？信也就是充实。所以我说像"充实之谓美"这样精彩，这样健全的美底概念，在古代乃是一般的。

美学关系于形上学。古人对于美底概念之能有如此健全的认识者，正由于古人另有一种深厚雄健的形上学为之基础故，现代人的精神已浅薄脆弱到了极点，生活不过耳目声色之欲，所看宇宙自是干燥而枯窄的空气而已，石头而已，灰尘而已。古人不然，他觉得宇宙是一个伦理的间架，所有仁义礼智，都秩然地安排在那里。他俯仰呼吸之间，便有一个大我在与他息息相通着。宇宙是“为物不贰，生物不测”的，在空间上“博也，厚也”，在时间上“悠也，久也”，在性质上“高也，明也”。这是何等壮阔的世界观！宇宙是动的，是生生不已的，生活于其间的人便也是“自强不息”的了。宇宙的创造，就是他的创造，所以说“赞天地之化育”，所以说“与天地参”。他自己生命的扩张，就是宇宙生命的扩张，所以说“上下与天地同流”（《孟子》），所以说“天地与我并生，万物与我为一”（《庄子》）。在这种世界观之下，所以他们见了“源泉混混，不舍昼夜”的流水，就赞叹不止了，因为那同样是生命力的洋溢充盈呵！基于这种一贯的形上的世界观，如何不觉得“充实之为美”呢？

（三）孔子的古典精神

——其美学理论与实践

作为中国思想正统的儒家哲学，尤其是孔孟，所贡献最大的，即是审美教育。中国文化的精华在此，孔孟思想的极峰在此。先说孔子。

孔子说："兴于诗，立于礼，成于乐"，这就是他的美育之实施的步骤。

我一再说过，美育以美学为基础，孔子的美学是古典精神的。他一则说："《诗》三百，一言以蔽之，曰，思无邪"，二则说："《关雎》乐而不淫，哀而不伤"，三则说："质胜文则野，文胜质则史，文质彬彬，然后君子"，这都是古典主义者一贯的立场，古典精神原是无可非议的，古典精神乃是艺术并人生的极则。孔子不讲怪力乱神，这也是古典精神的表现，反之，如浪漫精神的代表人物屈原就满篇是怪力乱神了。能够代表古典精神的，中国有一个很好的字，这就是"雅"，孔子正常常注意及之，所以有"子所雅言，诗书执礼，皆雅言也"的话。

孔子自己深深地浸润于审美的生活之中。他喜欢音乐，在齐闻《韶》，有三月不知肉味，他高兴地说："不图为乐之至于斯也。"他对于音乐很能欣赏，他有一回形容道"乐其可知也，始作，翕如也，从之，纯如也，皦如也，绎如也，以成"，知道他是很能心领神会的。不但音乐，唱歌他也有浓厚的兴趣，假如他和别人唱得高兴了，他一定让那人重唱一遍，而自己也再陪着唱一遍。他是多么会欣取人生呢！

孔子有积极不已、精勤奋发的一方面，但也有闲适恬淡的一方面。所谓"君子坦荡荡，小人长戚戚"，他实在是做到了坦荡荡的一方面的。他说过："饭疏食，饮水，曲肱而枕之，乐亦在其中矣。"因此，无怪乎他赞美颜回的"一箪食，一瓢饮，在陋巷，人不堪其忧，回也不改其乐"；无怪他推许公西华的"暮春者，春服既成，冠者五六人，童子六七人，浴乎沂，风乎舞雩，咏而归"；更无怪乎在他的教化之下，后来出了许多闲适的大诗人、大词人了。这是他自己审美的陶冶之成功，并影响后世之功。

子贡有言："夫子之文章，可得而闻也，夫子之言性与天道，不可得而闻也。"这里所谓文章，并不是后世所谓文字，却是一切精神的表现。就时代讲，是一时的典章制度，就个人讲，就是一个人的风度威仪。孔子的风度威仪是好极了的，我们只要吟味他的弟子所记的“温而厉，威而不猛，恭而安”十个字好了，俨然一个庄严刚健的雕像屹立在那里！孔子的做人，是做到了像一件极名贵的艺术品的地步。只此一端，已足千秋。

孔子是知道美学的真精神的。美学的精神在反功利，在忘却自己，在理想之追求。孔子对小人君子之别，即一刀两截地从功利与否上划分，他的话是：“小人喻于利，君子喻于义。”喻字很妙，喻就是说否则而听不明白的意思。你和“小人”说三话四，都是枉然，只有一说到“利”，他便立刻恍然领悟了。现在是“小人”的世界呵，也就是“喻于利”的世界呵，无怪乎反功利的主张总为人所不省了。孔子自己一生却秉着反功利的精神——也就是美学的真精神，“知其不可而为之”地奋斗下去。

孔子又是确切知道美育的功效了的，他说：“知之者不如好之者，好之者不如乐之者。”他又说：“唯仁者能好人，能恶人。”为什么？只因为从好恶的味觉上，亦即趣味上，去辨是非善恶，是较从知识上直接得多，自然得多，也根本得多。此种趣味之养成，正美学的教养所有事。

孔子一生的成功，是美学教养的成功。他四十年进德修业的收获（从“三十而立”算至七十），是“从心所欲不逾矩”。一个人的性格的完成就像一件伟大的艺术品的完成一样，是几经奋斗，几经失败，最后才终底于成的。孔子以一个古典精神的大师，其最后成就者如此其崇高完美，是无足怪的。“从心所欲不逾矩”是所有艺术天才所遵循的律则，同时也是所有伦理家所表现的最高的实践，最美与最善，融合为一了。美学的理想，不能再高了！美育的成功，不能再大了！孔子之可以为人类永久的导师者正在此。

（四）孟子的审美态度

孟子是传孔子之学的，特以性格之故，孟子尤有艺术家的气分，因此，其审美态度乃尤纯粹而鲜明。

美学的精神在反功利，孟子一生却便以反功利为事业的大端。照他看，纯粹功利思想，非至国家灭亡不可，当以仁义救之。个人的行为，他也认为当不计成败，他说：“若夫成功则天也，君如彼何哉？强为善而已矣。”“强为善”，就是孔子“知其不可而为之”的气魄，这不是埋首于耳目声色之欲的唯物主义者所能的，必须有审美的陶冶的人才行。孔子以“君子喻于义，小人喻于利”为言，孟子也说：“鸡鸣而起，孳孳为善者，舜之徒也；鸡鸣而起，孳孳为利者，跖之徒也。欲知舜与跖之分，无他，利与善之间也。”他们同是反功利的，而孟子的态度尤为彻底。

把伦理与美感打成一片上，孟子更有特殊的贡献。他说：“至于味，天下期于易牙，是天下之口相似也。唯耳亦然。至于声，天下期于师旷，是天下之耳相似也。唯目亦然。至于子都，天下莫不知其姣也，不知子都之姣者，无目者也。故曰：口之于味也，有同耆焉，耳之于声也，有同听焉，目之于色也，有同美焉。至于心，独无所同然乎？心之所同然者何也？谓理也，义也。圣人先得我心之所同然耳，故理义之悦我心，犹刍豢之悦我口。”把理义之可爱，比作好吃的肉之可爱，宛然是柏拉图形容理念之可爱之意，孟子之把伦理与美感打成一片，又不止此一端，他说：“规矩，方圆之至也；圣人，人伦之至也”，这就是直以圣人在人伦上的成功，视若几何上完美的图形然。他对于礼乐的解释，也是直从艺术作用与艺术表现去解释，而撇开那些繁文末节的典章制度；他说："仁之实，事亲是也；义之实，从兄是也；智之实，知斯二者，弗去是也；礼之实，节文斯二者是也；乐之实，乐斯二者，乐则生矣，生则恶可已也？恶可已则不知足之蹈之，手之舞之。"照这样讲，仁义不过是父子手足的感情，而礼乐只是父子手足的感情之艺术表现而已，这看法最简单明了了，但也最和悦近人，却也最博大精微。

在艺术上，有材料与命意的斗争。在人生上，有人欲与天理的对立。放纵人欲，必至于若洪水猛兽，不可收拾，高扬天理而压抑人欲，必至于奄奄待毙，全无生趣。杨朱固然错，墨翟也未必对，后来的程朱、陆王，末流所至，几乎是杨墨的各走极端的重演。但是孟子的话是卓绝千古的，他说："形色天性也，唯圣人然后可以践形。"原来圣人乃是像一个艺术家一样，他不能废弃这些材料，他却是战胜之，而且善用之。人欲不能废弃，却即在人欲之中而表现天理。这就是圣人之可以践形处。纵欲与禁欲都不对，对于欲只是加以适当的处理。战胜材料，而即以材料作为表现命意之具，战胜人欲，而即以人欲作为表现天理之具，这其中有一种美学的原理之运用在。

讲审美即须讲选择。同是一个场所，在写生的画家或摄影的艺术家来看，便会发现那特别富有意趣的一面。在人生里何尝不可如此？为什么不选择那最美的一片段去欣取呢？孟子是懂得这道理的，所以他说："观水有术，必观其澜，日月有明，容光必照焉。"倘若拿观水观澜的态度去观照一切，怕处处都是生趣盎然，无入而不自得的吧！

讲审美即须对所有值得欣赏的对象都平等视之。这在孟子是做到的，你看他对伯夷、伊尹、柳下惠、孔子的了解，他认为都已达到人伦的极致，都已够上所谓圣，只是："伯夷圣之清者也，伊尹圣之任者也，柳下惠圣之和者也，孔子圣之时者也"，各有个性而已。正如艺术品然，有的是浪漫主义中的杰作，有的是古典主义中的杰作，有的是写实主义中的杰作，有的是象征主义的杰作，只要是杰作，就是平等的了，我们就可平等地去欣赏。孟子是持这个态度的，所以他有"尚友古之人"的胸襟，他之了解古人，皆深入而具同情。这也是审美的教养使然。

其次，他对美学上的味觉、趣味，或所谓审美能力（英文的 Taste，德文的 Geschmack）也贡献了很好的学说。一是他解释了审美能力的普遍性之例外之故，他说："饥者甘食，渴者甘饮，是未得饥渴之正也，是饥渴害之也。"对一切恶趣味的流行，都可作如是观。二是他解释了审美能力之普遍性与批评之可以存在之并无冲突，这就是他所谓，"口之于味有同耆也，易牙先得我口之所耆者也"。"同耆"是审美能力的普遍性，"先得我口之所耆"就是批评之所以存在处，美学上的一般立法，无非赶到一般人所耆的前头去，但终于却又为一般人所能够承认而已。其实，推之一切价值范畴之与一切价值意识（用温德尔班德 Windelbend 的名词）的关系皆然。孟子真不能不说是斯学功臣。至于他所谓"充实之为美"，也是极值得推许的，因已详前，不再赘。总之，孟子为孔子后唯一有创造性的美学大师，实践与理论，均极可观。中国古代的美育，即是在孔孟二人的辉光下面发挥着，作用着，灌溉着。

（五）玉的文化

中国古代人美感的最佳代表是玉。

玉是一种德性的象征。《白虎通》上说："玉者德美之至也。”《礼记·玉藻篇》有：“君子无故玉不去身，君子于玉比德焉。”玉是致密的，刚硬的，却又是温润的，确可以用来象征一种人格。这种人格也的确是值得敬爱的。在《礼记·聘义》上有很好的分析，说道：“君子比德于玉焉。温润而泽，仁也；缜密以栗，知也；廉而不刿，义也；垂之如坠，礼也；叩之其声清越以长，其终诎然，乐也；瑕不掩瑜，瑜不掩瑕，忠也；孚尹旁达，信也；气如白虹，天也；精神见于山川，地也；圭璋特达，德也；天下莫不贵者，道也。《诗》云，言念君子，温其如玉，故君子贵之也。”《说文》上也说：“玉，石之美；有五德，润泽以温，仁之方也；触理自外，可以知中，义之方也；其声好扬，敷以远闻，智之方也；不挠而折，勇之方也；锐廉而不忮，洁之方也。”这其中诚然有不少理论化的成分，但是无论如何，玉是一种美感的对象，并作了许多德性的象征。在这里构成了一种美的文化，表示着审美教育的成功。

《玉藻篇》上又说：“古之君子必佩玉，左徵角，右宫羽，趋以采齐，行以肆夏，周还中规，折还中矩，进则揖之，退则扬之，然后玉锵鸣也，故君子在车则闻鸾和之声，行则鸣佩玉，是以非辟之心，无自入也。”这是多么美的呢！一举一动，前后左右，都是唤起人美感的对象。这表示这个民族是如何爱美，又如何爱德性。真是一个诗的国家！

玉所代表的美感是颇高等的，不稚弱，不琐碎，不浅薄，不单调，不暂时，不变动不居，不死滞不前。在人格上能与之符合者，也恐怕只有孔子而已。所以宋儒也都常拿玉来形容孔子。玉和孔子代表了美育发达的古代中国。

后来玉虽然少了，但玉的文化曾经变而为晋人书法，玉的文化曾经变而为元人文人画。但那简净淡雅而有力的壮美感，却始终陶冶着中国读书人的趣味。

中国人的美感教育，其由来久矣。在《尚书·舜典》中就已经有：“帝曰：夔！命汝典乐，教胄子，直而温，宽而栗，刚而无虐，简而无傲。”这都是以一种美学原理而要求于伦理者，即在反抗性最强的《老子》书中，也仍然不掩美感教育的痕迹，他说什么“直而不肆，光而不耀”（五十八章），他说什么“味无味”（六十三章），这都道着了美学上极精微的原理。至于《乐记》上所谓“大乐必易，大礼必简”，所谓“大乐与天地同和，大礼与天地同节”，所谓“先王之制礼乐也，非以极口腹耳目之欲也，将以教民平好恶，而反人道之正也”，字字精当，更是美学上的不刊之名言。这些美学的理论，都结晶为一点，这就是玉的文化。从君子必佩玉的一句古语中可以想见古代人美育的设施的全部。希腊是值得向往的，周秦何尝不值得向往？周秦的流风余韵，从玉到铜器，到书法，到绘画，到瓷器，又哪样不值得我们赞叹和欣赏！在这种文化中所陶铸的人物，若孔子，若孟子，若阮籍，若王羲之，若陶潜，若苏轼，若倪云林，又哪一个不值得我们拜倒和神往！

二十九年三月二十八日作

附录：缅怀文化城的北平

自从我们空军的英雄在九月三号去探视我们北平的同胞以来，我怦然心动，急切念着北平。十月二十一号又看见刘毅夫先生写的《飞将军北平去来》，这缅怀之情更不能自抑了，索性一齐宣泄出来。

我并非马上想到北海的石桥，东四西四的牌楼，什刹海的清凉，饽饽的可口，也并非马上念着逗留在故都的友人；自然，这些也并非不常在我的梦寐之中！

这回让我深深动心的，却是北平的文化空气。北平的文化空气，并不是因为北平之故而使然，却是因为中国数千年的文化之传统之故而使然。

中国文化的特点是什么？假若很体系，很深入，很哲学地研究起来，或者可以作出一篇洋洋论文来。但我现在不想那样作。我姑且偷懒一下，单单从浮薄处，表面处看一下，我觉得那是和易、简约、雍容、大度，人与人可以相安，然而并非不深挚，并非没有力量，不过力量在潜藏着。“百练钢化作绕指柔”，这是中国绘画书法的特色，但也是中国文化一般的特色。——艺术原可以代表一个民族之精神与心灵深处的。

北平的空气就是那样和易、简约、雍容、大度，人与人可以相安，然而并非不深挚，并非没有力量，不过力量在潜藏着的。

许多人在误会，正如世界上其他国民误会我们整个中国民族一样，说北平的生活太舒适了，使人没有生气。在抗战以前，或者在抗战开始不久之际，许多人以为北平人心已死，危局无可挽救，挽救危局诚然困难，但原因不是在因为北平人心已死，而是在那时复杂环境中的许多牵扯。说这种话或有这种感觉的人，大半没有到过北平，或者到过而不了解北平，尤其没有到过“一二·九”救亡运动澎湃时的北平；要不，或者那时在北平，却没有深味那意义和意义的大小。看一个地方，假若不深具同情和耐心，只像在汽车的玻璃窗里偶然一瞥的话，永远对一个地方不会理解。“七七”事件刚发生时，我是身在北平的，民众的激昂和兴奋确到了沸点。后来的失陷，只可怪我们事先的布置有几着棋没占到先手，并不能怪民众。就是在战事发动后，据我所知，我认识的友人有一位研究历史的去担负了民众武力的指挥（不幸已经阵亡），有一位研究物理的去担负了军事的运输，有一位研究化学的去帮助了游击队制炸药。他们在常时，都是在足球场上的，常时都是那样和易、简约、雍容、大度的，并且喜欢诙谐，继之以淳朴而无邪的笑声。然而当起真来，又那样肯牺牲，那样勇猛，那样切实。这是北平的文化，这是中国的文化！

我在贵阳时，曾在一个餐馆里逢到好几位空军的朋友，他们从前都是北平学校中的运动员，这时仍很轻易，很从容地和我招呼，我也一点看不出他们就是在长空里叱咤风云的人物。我欣羡北平的精神教养，我自傲我是一个中国人！

不过我很惭愧，我白白在北平旅居八年，但我没能十分化除了自己的固执，减少了自己的棱角，冲淡了自己的焦灼和狭隘，而且我惭愧我了解北平又有些太迟。这是我每逢一见到真正受有北平文化教养的人而赧颜的。

还有些人对北平另有一种误会，以为北平在反动势力之下过久，仿佛太散漫，太不驯，认识上或者不充分些。我认为没有这回事！中国的真正文化精神原是和西洋不同的，我们从不曾服一个至高在上的上帝，我们的态度却是如老子所说："天网恢恢，疏而不漏。"中国人的向心力是像建筑物中的柱和梁的关系似的，谁也不一定硬要支配谁，但是大家却不谋而同，共支持那大厦于不倾而已。中国人在精神上根本是民主的，专制是一个形式。"祭神如神在"，"敬鬼神而远之"，我们的宗教态度本已开明，政治上亦没落后。在举世摩拳擦掌、疾言厉色的声势下，我们应该自己珍惜自己这一点传统文化的高明处。“飘风不终朝，骤雨不终夕”，到世界局面澄清下来时，自有体会中国文化之伟大者！

假若一种文化只浸润到上层，这种文化犹然是一种死的文化；可是北平所代表的文化不然，乃是浸润于各阶层的。这里不妨举一二个实例，都是我亲历的。有一次，我同几个朋友，因为晚间月色很不坏，我们到北海外面的石桥旁去蹓跶。这时便有一位岗警来干涉我们，他同我们说，石桥底下常有白衣服的人骑着白色的小毛驴出来，见人就拉，眼睛一眩惑，就会被拖下水去。他一方面同我们讲话，用他的指挥棒比着，但一方面远处汽车来了，他便顺手把棒一指，身子立刻站得笔直，可是汽车过了，他却又继续说那神话与我们听，最后则叮嘱我们离开，“怕危险”。我真惊讶他那么从容，又那么好意，并那么忠于职守，而且予人劝阻时又出之以那样艺术的方式！再一个例，是我在大学里读书时所经历的。我住的宿舍有两架电话机，一架在东，一架在西，我住的靠西，照理给我打电话的人是应当叫西头这电话的号码的。可是有一次，一位朋友错叫到东头了，那守电话的人却依然去找我，一点也没抱怨。我说：“不应当打西头的电话么？”他笑眯眯地说：“可说得是么！”我去接电话的时候，我见他又衔上烟斗，戴上花镜，盘起双腿，看起小报来了。那种优游不迫的态度，让我如何能忘却！平常我们耳朵里也总是听见“你请，你请”的揖让声，很少见像这里上公共汽车时，大家拼命抢，挤上车的人的神情都像越狱的囚犯一般的。

北平不愧是一个文化城，不只那样从容不迫的人生态度代表一种文化，而且大家也重视文化。学校的林立，书籍的易得，不必说；普通朋友们见了面，如果问一声：“你在看什么书、写什么文章”，并不觉得矫揉而不自然。可是除开北平以外，便大半是不肯这样了。“今天天气哈哈哈”已成了通套。在北平，我看见师友见面后，不及寒暄就质疑问难的有的是。在北平，我看见老太婆去听昆曲是带了曲本去，戴上花镜，随着咿唔的多得很。店员伏在柜台上写稿子的，也不是没有。

因为重视文化，所以大家没有势利心，没有机心。大家就文论文，不牵涉文字以外的问题。北平以外的地方就不行了，甲有文字出来，许多人都代为推测有什么企图吧。乙有文字驳辨，许多人又都代为推敲，恐怕有什么用意吧。结果弄得鬼神不安，大家只好“今天天气哈哈哈”算事。

在这种空气之下，我尤其不能自抑地缅怀北平了！北平是中国文化上的神经中枢，这块宝地无论如何也要收复的。

二十九年十月二十五日

七、中国文化传统之认识（下）：中国人的人生观之缺点

我常觉得我们的人生观里好像是缺少了些什么似的。但这缺少的东西首先似乎不是唯物史观，虽然这一名词的输入尚属不久，而且还有不少人以为新奇。你看“人穷志短，马瘦毛长”，这不是唯物史观？只有像孟子那样锋芒太露（因此不为一般中国人所喜）的人才说“无恒产而有恒心，唯士为能”。我们似乎也不缺少适应环境及生存竞争的思想。你看“不怕官，只怕管；在人墙檐下，谁敢不低头”，这不是适应环境的自白？再看“先下手的为强，后下手的遭殃”，这不又是生存竞争的口号么？

可是我仍觉得我们的人生观里总是缺少了点什么。上汽车要抢，公家信封要偷，正式的开会要早溜，享乐的场所要占座，子弟入学要托人说项，没人看见时在公众地方（哪怕多么讲究）要随便吐痰……我惭愧，我列不周全。难道这些毛病没有共同的根本原因吗？

这些事诚然小，然而扩充下去，关系却很大。上汽车要抢，于是时间可以浪费，工作效率可以减低；公家信封可偷，于是贪污不知伊于胡底！其他勇于享乐，怯于负责，爱使面子，只图自便等等，不能不说是都可以影响建设，而且是会动摇国本的。

但我并不因此而就对于中国的一切表示悲观。任何壮士也免不掉生病；问题只在有病而不自讳，并且赶快就医。我今试谈我们民族的病，目的是为恢复健康。

我们的病源到底何在？我不想轻轻地委之于环境，因为我相信大多数人也还有反省的诚意，也还有改造自己的勇气与信心，所以我不妨把这病源派给我们自己。

我首先告诉大家一句摸不着头脑的话吧，我们的病源是在我们自来都是一些“唯名论者”。这个名词，是我借用自欧洲十四世纪的经院哲学的。唯名论的要点是只承认“殊物”的真实，而不承认“共相”的存在，说共相不过是空名。和唯名论相对的是实在论；实在论者则说共相才是真实的，用术语说，就是共相存在于殊物之先。

话说得通俗一点，实在论或实在主义近于理想主义，唯名论或唯名主义近于现实主义。就欧洲各国看，英国很近于唯名主义，德国很近于实在主义。就中国和西洋看，中国一般的思想都是偏唯名主义的；西洋一般的思想都是偏实在主义的。

假若这两个名词只是关系中古时期的宗教哲学，我们大可不问；即使退一步，只关系哲学课本上的用语，我们也可以漠不关心。然而不然，这乃是关系世界观、人生观的一种根本分野；它支配着我们的一举一动，甚或影响于我们的命运。我们因此不能不问。

我知道大家对我所说的话还摸不着头脑。我不妨说得再具体，再直率些。我的意思是：我们的眼光多半只注射在现有的特殊的个别事物上，不曾超乎这些现有的特殊的个别事物，而倾注在一个更高更大更统一的对象上。

比方就学问来说，献身于自己所治的学问，生死以之；点点滴滴的贡献，都觉得是增加到那种客观的广大的学问世界里去；自己的荣辱不问，自己的利害不问；坚信学问不会中断，即使个人的生命随时可以丧失；坚信学问不会不进步，即使自己的研究毫无成绩——这种精神就是实在主义者的精神。试问中国人有没有？我们很少重在那个超乎个人的更高更大而更统一的对象——学问上。我们却只重在一些参加这门学问的特殊的个人的身上。所以在中国治学是重家法与师承。学问是公的，如何能为某家某师所独有？重心既在个人，不在超乎个人的学问，所以人亡而学问亦亡，许多学问是成“绝学”了，许多技能是成“绝技”了，后人只好从头再在暗中摸索，眼看着西洋的学术思想和技术却都日新月异地在合作之下进步了！只因为我们重人而不重学，重特殊的自我而不重天下为公的对象，所以结果如此。

再比方说，讲事业。最大的事业，都非有殉道者的精神是不能成功的。殉道者的精神就是只看见“道”，而不注重在“道”之下的任何个人，以及关系个人的任何事件。可是中国人讲三不朽，是讲立德、立功与立言。立德是某人立德；立功是某人立功；立言是某人立言。这样的德，这样的功，这样的言，不也太小了么？在这种历史的小圈子里打滚的人，又有什么可以沾沾自喜的呢？

中国人讲孝道，起头是“身体发肤，受之父母，不敢毁伤”；终结是“立身行道，扬名于后世，以显父母”。这种道德观念，只如限对个人的具体的某父某母负责的。西洋的道德观念比较上就广泛一点。在《柏拉图对话集》中，有一篇叙述苏格拉底不主张逃避国刑的话，其中曾有这样一段：“岂因国法有加害于汝之道，尔遂有破坏法律颠覆邦家之道乎？嗟尔至德之士何以自解于此？以尔之明哲，焉有不知邦家之庄严神圣，神人共钦，远胜于父母祖先者；又焉有不知虽在愤怒，仍当温恭事之；事国之忠敬，甚于严父，纳谏不听，即唯有无违之一道者？仍至受其刑罚，若笞若囚，亦当默而忍之！”其对国法之绝对服从，殊不减于中国人所讲的孝道。但国法是什么？邦家又是什么？这些都是超乎个人或个人事件的，更大更高而更统一的对象！中国的道德观能与此相较么？

关云长为什么在华容道上放了曹操？只因为他个人的知己之感！但是国法呢？军令呢？国家的前途呢？他竟一律不问。这是一个典型。

徐宁为什么上了梁山？只因宋江已使戴宗和汤隆二人去把他的老小都搬来了。卢俊义诚是英雄，但也不免要说："头领留卢某不住，何不便放下山？实恐家中老小，不知这般消息。"这又是一个典型。请问他们是否真正厌恶强盗？如果老小确是这般重要而有敌人也把他们的老小掳掠去了，岂不是虽做汉奸也可能吗？这种思想多么危险！他们何以不能够把情感倾注在那更高更大而更统一的对象上面，却只恋恋于单个个人关系的老和小？

中国人的爱情亦然。我常觉得中国人只有色情，没有爱情。因所谓爱情也者，也是要把情感倾注在一个超乎个人的对象上，所以其中有诗，有狂，有醉，但也有伟大的圣洁的神秘力量。中国人的爱情却还不离自己享受的圈子，只为自己，不为对象；即使是为对象，亦只为其一部分的身体，而不是为超乎个人关系的理想。这是低级的享乐。这是占有欲。唯物的色彩太浓，贾宝玉之吃胭脂，便又是典型了！

推而至于中国人的人性观和女性观，亦莫不然。中国人除了孟子以外，很少人真正主张性善，多半是摇着头说"人心不古"或"人心叵测"的，可是他们谁都有些张三李四之类的亲戚朋友，觉得还是可以引为知己的！在西洋则不同。例如朵斯退益夫斯基，据批评家迷列考夫斯基说，是最憎恶与人来往的，但他对于人类全体则仍热爱。中国男人对于女性，一般地也是表示着憎恶与藐视，然对特殊的某一女性，却只知有爱，和捧！西洋人又不同。据说那位常为一般女性而呼吁的易卜生，遇有单个的女性向他道谢时，他却又以“作诗”自解！总之，中国人是只看见个体，否认共相；西人则是肯定共相，轻视个体。西洋人所看重的是一个全体性的理念，中国人所看重的是具体的此物与彼物。

因太看重此物与彼物，以为真实仅在于此，所以不会为着理想而奋斗。在特殊的个体中间，最可靠的当然便是自己。所以个人主义和自私自利的观念，势必至于统驭了一切，这就是偷信封，抢汽车，占座位等等百病之源。

为什么有这一种病源？关系的方面很多。首应提及的是我们所过的生活，一向是种农业社会的生活，一般人都可自给，自足，自立，而又缺少需要集体力量来克服的大敌。克鲁泡特金之反对竞存，主张互助，就是因为他看见有许多候鸟为着御寒而合作。“寒”是它们的共敌。可是我们没有这个需要，于是不幸而只作了个人本位的钩心斗角的生存竞争者了。我们点点滴滴的生活，都带个人色彩，游戏是打牌与下棋，人自为战，同伴皆敌；口才仅是专对一人的游说，而没有对大庭广众的演说。处在这种充满着个人关系的生活方式之中，欲求产生一种超越的集体的观念，自属很难，独善其身的生活，产生了各顾其私的观念，各顾其私的观念，又加强了个人色彩的生活；由因生果，果复变因，于是我们的病势，不得不与日俱增！

我们只有迷信，而无宗教。宗教须有一个超越乎个人关系的抽象的神；但我们没有。我们的生活是太散文化了，太没有含蓄！

我们没有不近人情的哲学。像柏拉图所主张的理念，黑格尔所主张的理性，我们都没有。所谓理念与理性，都要假定在那现实的此物与彼物之外，另有一种更高更大而更统一的对象，这对我们却太格格不入了，因为它们太不近于常识！例外固有一些，但不能为一般人所了解。像朱熹所讲的理，王守仁所讲的心，都是很哲学的，但从一般人看来，却是太空疏了，甚且不知所云。

我们的精神太现实，太反哲学，太执著于单个的人（尤其是自己），太执著于单个的物（尤其是一张一张的钞票），夫何怪乎西学的各种哲学都不能合我们的口味，而只愿吸收些唯物主义呢？

我们是被现实的生活所胶着，个人的利害重担所压缩，哪有热情！哪有理想！

在升平时代，个人主义的生活还可以做到“独善其身”的地步，虽然即在道德的造诣上，成就也不见得甚高。沾滞于现实的态度，充其量，也不过能做到消极的“廉”。至于轰轰烈烈的牺牲，前仆后继的运动，体大思精的学术，皆不出此。一遇到了危急存亡之秋，个人主义的生活方式，便是破绽全露了。唯如上面所说，中国人这种生活，既已源远流长，根深蒂固，如今欲图改造，自非推本穷源，直中要害不可。

我以为最有效的办法，就是提倡反功利的精神，提倡热情，提倡理想，提倡牺牲。即使我们不能信有一个上帝，我们也得多接受些不近人情的西洋哲学才行。囿于个人利害的眼光，必须解放；低级的唯物主义，必须放弃。我们要看全体，不要看片面；我们要兼看共相，不要专看殊物。

“知其不可为而为之”的精神，我们尤须要从辽远的古代招回；否则便使恓恓惶惶、热情救世的孔孟二老在地下太寂寞并伤心了。

二十九年十二月六日

八、文化上的吸收

假若不提醒，我们或者不自觉，在文化上，我们现在实是处于一个“前不见古人，后不见来者”的时代。过去的，我们有点模糊了；未来的，却还没有定型。我们感觉着空虚和苦闷！

在三十年前，许多人家还有纺车，我亲眼看着它们冷落，不用，收起；后来不知去向了。“父母之命，媒妁之言”式的婚姻，眼看着像狂风卷落叶般地过去；“男女授受不亲”的礼教，眼看着归于云消雾散；“脚大脸丑”的审美标准也在不知不觉间已如同隔世；许多锐进的改革家，转眼之间已经落伍；许多学富五车的人，眼看着现代的文字瞪眼，字虽认得，话不明白了。

文化的变动表现在语言上。从前人讲气象是指圣贤气象，现在人讲气象是指气象学的气象；从前人讲经济是指治国平天下，现在人讲经济是指消费和生产；从前人讲典型，是指“典型犹存”的典型，现在人讲典型，乃指某个“类属”的共性。从前人很少有把两个字合为一词的，现在几乎没有一个名词不是好些字连缀而成。从前人用“所以”都是“夫鸡鸣狗盗之出其门，此士之所以不至也”一类，现在人用“所以”，却都属于“因为……所以……”一套。名词变了，表现方式变了；想作律诗的人，便感到那没法描写电灯、坦克车、飞机和潜水艇的苦恼。语言是一个民族精神的化身，而今我们的语言是已经变动到了这般地步，要说我们的文化还和从前一样，那岂不是白昼说梦？

这次的变动确是太大了，恐怕要超过隋唐，超过周秦。“不识庐山真面目，只缘身在此山中”，我们身处巨变之中，所以自己不觉周围已经换了环境。

过去和未来，将似文化上的楚汉，而我们则是恰恰处在鸿沟里面。我们没法恢复古代人的世界观，我们没法觉得这个宇宙是仁义礼智信的间架，可是古代人确是如此的。我们也没法立刻觉得“天”同“人”

的隔绝——征服自然的习惯，我们既没有养成；敬畏上帝的情感，我们也没有建立。我们到底是中国人！对于过去的，抓不到了；对于西洋的，想去赶上，可是头绪太多，觉得有无从着手之苦。我们为什么不苦闷焦急？我们为什么不感空虚？

从文化的巨变一点想，我们可以了解新文化运动的意义；不错，新文化运动是有些清浅、单薄、贫血；我常觉得它是插在瓶中的花，缺少深厚的土壤和根基。但是它的意义却仍算得是伟大，它也尽了它的崭新的使命。新文化运动的一支是文学运动。我们诚然不敢说在文学方面已产生了划时代的作品，即如诗歌，我们不唯还没有像盛唐那样成熟的作品，也许甚至还没有像初唐那样草创的作品，然而它仍有着无穷的意义，因为它是巨变的一点象征，它是巨变的一点征兆和信号！

话说穿了，新文化运动只是一个西化运动罢了。胡适之的“八不主义”白话文运动，我们不难找到它的老巢——英国的渥滋渥斯。蔡孑民和陈独秀的“赛先生”与“德先生”，我们也不难恍然悟解其为希腊文明的神龛。它们都是西洋货！

真相固如此，可是我们也菲薄不得。因就地域看，新文化运动固是西化运动，而就时代看，则是现代化运动。在现代交通情况之下，地域的疆界本已难划，时代的巨浪更难抵抗。或者以为我们就要现代化，何必跟着洋鬼子跑。然而我得问他，谁教我们多睡了四百余年？谁教我们不早开开大门，看看门外的景象？文化是交流的，不是停滞的。谁停滞，谁就吃亏——停滞之地只好作为急湍狂流的尾闾。事已至此，我们没得怨尤。

要紧的却是我们要认清我们的处境，认清我们在这处境中间应该要怎样努力。事急矣，势迫矣！战争是文化的试金石。不能留恋的要赶快放弃，急需吸收的要急切地采取——自然，急切并不就是潦草。

我们应该首先完成新文化运动的吸收作用。

截至目前为止的文化吸收，我们不能满意。就量说，太少；就质说，太浅。而且没有计划，没有决心，甚至没有意识。

我说量嫌太少，因为我们的翻译还不够全，我们的介绍还不够多。薄薄的一本小册子有什么用？不加选择地零译有什么影响？我们需要彻底地研究某派或某人的专家。客观的真相最重要，耳食的捧或骂都没有价值。

我说质嫌太浅，因为我们还没能得西洋文化的神髓。坐汽车，打扑克，用抽水马桶，我不否认这是西洋文化，但这不是它的精华。西洋文化也是笼统名词，我们不妨分开说，他们各个民族都有他们独特优异之点。即如英国人之批评能力、实证精神、政治头脑；德国人之体大而思精的思想系统，幽深的形而上学的创造力，精密而确实的工业文明，戏剧性的性格，音乐性的嗜好；法国人之明白清晰、丰富智慧、绘图性的文化姿态；美国人之讲效率，讲在实际上造福于人类社会……这些都是西洋文化的神髓，哪一件不值得我们去咀嚼、玩味和欣取？我们的留学生不为不多，但是为什么还没见到中国社会上文化上精神上，有过这些新鲜血液发生作用呢？看一个民族文化，要从他的最高的成就上看，这样我们才不难得到他们的益处。但是为什么许多留学生只学会了非洋房不住呢？更糟糕的是：他们忘记了吸收人家的长处是为中国本身，而有一部分人却只作了驻在中国的外国主子的代言人。他们只有欣羡，而不想吸取；他们只觉得中国不行，应该学习别人，而不想流一点血汗。我不反对留学，也不反对任何留学生，但只为那失策的留学制度之有此种恶果而痛心。我希望此后的留学生，在文化上吸收得更深些——就是注意到人家的精华、大处，而不忘了中国。

我说我们过去的文化吸收还嫌没有计划，没有决心，甚至没有意识，这是因为我还未见有什么文化机关打算着先介绍什么，后介绍什么，分些缓急轻重；我也未见有过什么个人或团体，由于了解和真心倾服，始终鼓吹着某一纯学术思想。我所看到的翻译，往往只是某甲或某乙在学外国语时偶尔碰到的课本；我所看到的介绍，往往只是他在国外大学里面偶尔碰到的先生。你想，课艺能有文化上的大意义吗？此种章学诚所谓“可易之师”能够代表一个民族文化的精华吗？这样凑成的文化杂景，又如何可说是有意识的呢？

在一般人的心目中，我们过去的文化是已模糊漫漶了。新的文化形式之完成，首靠吸收。但是吸收的情形既是这样，那么，漫漫长夜，何时是晓呢？我们在文化上的空虚又如何填充，苦闷又如何弛解，鸿沟又如何渡过？这只有希望学者能具有殉道者的精神，为事业牺牲而不急求近功；主政者亦具有远大的识见和诚意，予以扶植。我常神往唐代；假若今日而有那样坚毅的玄奘和那样明达的太宗，那么，我们的文化吸收或者不难完成的吧。

留学制度也有改革的必要。现在的留学生根柢太差，年数太少，门类太窄，对于西方文化的根本精神吃得不够深透。我们希望贵精而不贵多。否则，留学回来的博士，虽如过江之鲫，却只配做“高等华人”，究于国家何用，文化何补？

或者说，一个民族天然有一个民族文化上的吸收量，精神上不相接近的文化是没法吸收的。这话固有一部分道理，但是不能拿来限制目前的中国。中国特别像个能够吸收的海绵，过去对于印度文化的融会贯通，便可视为一例。中国对于外来文化，不但能够吸收，而且能够改造，这是我们的先天深厚处。现在的情形诚然不佳，但我们也不必悲观。况且文化之吸收，本是需要待日；莎士比亚之输入于德，据专家龚道耳夫研究，即经三个阶段：先是材料的吸收，次是形式的吸收，最后才是内容的吸收。所以我们也不必性急。

凡是一个民族在文化吸收上最猛烈的时代，也往往是在创造气魄上最雄厚的时代，盛唐即是一例。吸收并不完全是被动的。我很愿意见到这样一个黄金时代的再现！

二十九年十一月二十四日

附录一：论翻译工作

一般人所常说过的话，我不想去重复。这是，关于翻译如何重要，如何急需，该译什么名著，直译还是意译，定价不能太高……

我要说的，是另有几个着重点。

第一，翻译界要有合作的精神。这所谓合作，不是指有什么会，或什么团体就行。也不是指甲译一书的一部分，乙又译一书的一部分。更不是指“我的朋友”的翻译就是对的，等等。我是说，不必有独占的神气，以及隔岸观火的态度。因为要独占，译本常常重复，好像别人译的总不算好，甚而一页一行也要不得。这样的结果是“挤”，大家挤在一条小巷子里，谁也走不通。不走的路，既越发冷落，而要走的路，遂阿狗阿猫也要跃跃欲试了。一本没有价值的书，常常同时三五个译本，一本有地位的书，又常常没有人问津。假若有合作的精神，就是多少也要承认别人译书的能力（除非太不通），别人译过的书，就可暂缓去“挤”了。这样，冷门者可不至始终为冷门。缺乏合作的精神之又一表现，是隔岸观火，也就是有挑剔而无补正。我们只听见某某译本不行，哪行哪行译得一塌糊涂，可是没听说某种译本的再版本，是附上了某人的校补。外国学者的合作精神似乎比我们强些。例如我案头的玛尔霍兹的《文艺史学与文艺科学》，因为作者叙述得不完全，编校者舒尔慈教授就附上了一个很长很长的补充的跋文，遂使原书可以概括到出版时的学术成果而无遗憾。不但如此，而且因为原书中少了黑格尔派文艺史家海特讷的叙述，编校者遂又在书中代为插入一节。然而原书并没抹掉玛尔霍兹的名字，编校者也决不改头换面，另写一本新书！又如我案头施托拉斯勃格的《高等植物学》，著者已经死去好久了，经过四个专家代为补订，几乎等于重作，但书的名字仍归原著者！这就是合作精神，既不想独占，也不想隔岸观火。在中国未来的翻译界，一方面固要开辟新疆土，但同时也要检点既有的成绩，可存者存之，可订者订之。即如严译的人文科学书，林译的小说，都可以虚心为之订正，使成为善本。现存的翻译家，也应该屏除意气，帮助别人，同时也要乐意人来帮助。

第二，翻译的选择，与其视客观的需要，不如任凭主观的真正兴趣。理由是，客观的需要是时常在变的，而世界上许多有经久的价值的书却多半没有译本。而且只视客观需要，便不一定得到适宜的译者；译者不适宜，是决不会有好译本的。我所谓真正兴趣，包括正反两方面。或者真正喜爱，或者真正憎恶。喜爱者，是译者在原书里得到一种共鸣，他译的时候，自然眉飞色舞，把他的生命贯注在里面，结果译本出来，一定是精力弥漫的杰作。唐僧玄奘译佛经，还不是这样？提克译莎士比亚，还不是这样？林纾译《茶花女》（那时他正悼亡），还不是这样？郭沫若译《少年维特》（那时他也正在狂飙时代），还不是这样？反之，有所憎恶，也好，那也就像一种报复的发泄一样，务要译得确实，以便寻出要害，好从容打击。朗格是反对唯物论的名家，但他的《唯物论史》却是不朽的唯物论的名著了，这个前例，可以应用到翻译工作上来，在中国的情形，也许不同，对了，这个前例，可以应用到翻译工作上来，在中国的情形，也许不同，对反对者往往一笔抹杀，反而越不愿知其真相，否则便以幻想代事实，于是造谣，诬蔑；这样，恐怕是难以希望反对者译敌人的著作的吧！然而无论如何，我觉得任何事没有生命在内，是空无所有的，翻译不是例外。在未获得对于反对物从容解剖咀嚼的习惯以前，至少翻译要找真正自己喜爱的。喜爱才能知之深，知之深才能译得通。在这点上，我所以不赞成职业的翻译家。如果他有对于域外的东西之广泛的热狂还好，否则假若只为翻译而翻译，必至所译如行尸走肉，了无生气。我也不赞成先拟定一个方案，先有目标，再找译手，那样也是一种官样的具文，没有灵魂，我更不赞成学习外文者在初学时即把第一次遇到的课文译出，译书不同恋爱，初见未必值得倾心。在中国有个很坏的现象，就是初学外文的人往往译书，所译者即其启蒙的读物，所以译得半生不熟，迨外文程度一有造诣，却反而洗手，作壁上观了。前者是浮，后者是懒。总之，是苟且，是不肯吃苦！话要说回来，选翻译的人时要注意他是否真有兴趣（现在姑且限于精神上的共鸣），自己选译书时也要问自己是否能把生命放在里面。

第三，翻译者的起码条件是本国文字先要通，而且要相当好，人过了二十岁，普通教育已经受过，假若文字还不通，这根本不是文字不通的问题了，乃是思想不通的问题。思想不通，能通什么？当然不能译书。有些人顽固得像拨浪鼓一样，一加指责，便振振有词，其实也还是不通。自己不通，想译通的书，天地间没有这回事。翻译者当然要通所译的书的文字，但假若有二人于此，一人本国文字不通，另一人外国文字不通，则我宁取后者。为什么？因为一则翻译究竟是给本国人看，当然先要中文看得下去，否则如读天书，何如读原文？二则假若这人本国文字真通的话，他的了解力必已经相当健全，外文纵差些，但他前后参照，上下比量，也必能得原文的仿佛。因此，我宁取林纾而不取陈家麟，宁取梁任公而不取陈友仁（假若他们同时译书）！从前戈德斯密在穷困时，想到荷兰去教英文，因为他是爱尔兰人，心想英文是不成问题的，但是既下岸之后，才觉悟要教荷兰人英文，须先会说荷兰话。这是一个宝贵的教训。翻译者空会所译的书的文字是没有用的，须通的是写给本国人看的本国文字。

第四，名著和方法论的书应该占首要，而推广科学精神的书也还应该继续译些。所谓名著，是指有历史地位，并有思想上文化上的发酵作用者。只有历史地位，还不如思想上文化上有作用的重要些。然而好在事实上，二者往往兼具。就这个标准看，柏拉图的《对话集》应该先有一个全豹。它的启发太多，是思想的发动机！它的构思范围极广，有好些问题或观点，我们在这里得着端绪。仅仅因为柏拉图赞成奴隶制度就抹杀是不公平的。歌德的书该续译，其中有刚健的充实的生命力。达尔文的《物种原始》仍该有一个流畅的生动的译本，它的影响太大了，原文也是有文学趣味的，这是像柏拉图的著作一样，决不能生硬地填在僵死的文言文里就满足！其他的名著可以类推，恕我不是一个善于开书目的人。这里只是提原则罢了。我所谓推广科学精神的书，是指像赫胥黎那样笔战的打击迷信的书。中国的科学家的笔太钝了，而社会上依然有五行命相扶乩，或者宗教式的中古式的思想方式，因此不能不借助些清凉剂。方法论的书的重要是不用说的，铁点成的金块原不如点金术本身！假若有些好的思想方法的书译输进来，我们的粗疏的武断可以少些，假若有些好的批评文字译输进来，我们不唯可以提高知识水准，而且可以早日发掘自己民族的天才，研究国故者也可以不以吟哦为止境，或者封锁在故纸堆里！

第五，译书要有得力的印刷机关。这是一点“物质基础”。假若译了些书，而束之高阁，不唯减少译书的兴趣和勇气，而且不免隔膜于别人是否译过此书，而浪费时力。如有推动翻译的机关，这一点也该早为筹划。

以上这几点，都是“卑之无甚高论”的。但如选译何书，只要有合适的人选则自不成问题，否则空有目录是仍然会冷落的；直译或意译，只要译的人真懂，真爱好，中文又真好，可视原著的性质，或为保存其风趣而取直译，或为融化其精华而取意译，二者也本无高下；译名要统一，至少在一书里统一（现在有些书蹈此病者多半由于并非一气译成，译就了又不肯再看一遍），这是只要有责任心就可做到；所以这些问题，我便从略了。就整个文化上看，我们吸收西洋文化的阶段还没有过去，因此翻译自然是一件有意义的工作，有关民族文化的营养。创造和吸收，原是不可分的，我们希望不久的将来，是中国能有伟大创造的时代，于是我们也希望同时能发动猛烈的吸收！可是工作的表现，在参加的人之热诚，而不在空设机关，或者有些理事、委员的会！

三十一年十月二日

附录二：《柏拉图对话集》的汉译

吴献书译：《柏拉图之理想国》，民国九年一月商务版，上下二册。

张东荪、张师竹译：《柏拉图对话集六种》，民国二十二年三月商务版，一册。

郭斌龢、景昌极译：《柏拉图五大对话集》民国二十三年五月商务版，一册。

（一）

我国介绍西洋哲学，至少已经有三十年的历史。打开梁任公的《新民丛报》，和王国维的《静庵文集》，其中已是许多西洋哲学家的名字，像柏拉图、亚里斯多德、康德、叔本华和尼采。至于严几道开始译穆勒名学更远在庚子，也就是一九〇〇年（据钱穆《中国近三百年学术史》附表），距现在已经近四十年了。但是真惭愧，为我们彻底介绍了的人物并不多。或者是因为国家多事，不能使我们的学者静心钻研；或者是因为我们求知太急，所以来不及细嚼烂咽；这些原因且不谈，我们只说事实，事实是，我们接受西洋的思想太匆促了，匆促得像走马灯一样。

但是，一种文化的吸收，决不是匆促间所能办到的。生理上讲消化，还要经过咀嚼、唾液、胃酸、肠壁的渗透作用，才能将食物变为身体的组织成分，何况是精神粮食，更何况是精神中最高的成就——哲学？这需要努力，也需要时间。

我殊不赞成一笔抹杀的办法。对某种思想或人物以贴了封条了事，这只是阻碍自己的进步，决不是接近真理的道路。同时，我也不承认伟大的思想会真的过去。这是因为，一则世间终有永久的价值，也终有具有永久的价值之物，不会因时代而泯没；二则凡是伟大的思想往往支配后世很久（无论我们是否意识到），说不定我们以为是“独得之奇”的，其实只是旧思想的翻译。因此我们没有理由可以忽略经典的著述。况且古人的思想是我们的思想的发酵剂，也是基石：抹杀前人就会有“兜圈子，兜到原地之势”（借用黎锦熙论国语运动语）的危险！

（二）

至于这三种汉译本也不是全然无缺的（下面再详论），但已是十分可读的，已不当平淡遇之。不错，这三种译本，损失了原作的许多“神理气味”，但是你已经可以在这里得到一个思想家的殉道的精神，之特立独行的风骨，之恬淡简易的生活；你已经可以在这里尝出哲学的思索是如何有“欲穷千里目，更上一层楼”的引人入胜之处；你已经可以在这里知道有思想的人是如何虚心，如何避免武断，如何富有保留的口气；你已经可以在这里发现有多少思想是和中国古代先哲所想的一模一样，却又有多少思想是近代欧洲人的世界观以及人生观的萌芽。

柏拉图重要的对话一共有二十多篇。这三种译品合起来是一共九篇。除了《理想国》一长篇以外，那八篇是Apology，Crito，Phaedo，Symposium，Phaedrus，Euthyphro，Protagoras，和Meno。

《理想国》是柏拉图思想的总线索，读此则对于其他对话可以执简驭繁，这里头讨论到他那共妻共产的理想政治，讨论到教育，讨论到男女平等，讨论到哲学，讨论到理念（Idea），讨论到灵魂不朽和轮回。此外，更讨论到柏拉图所最得意的计划：把诗人驱逐出境。

Apology，Crito，Phaedo三篇都是记苏格拉底的从容就义、朝闻夕死的态度的。一个人难得是要活得不苟，真哲学家是一定要如此的，所以苏格拉底在从容地吃了毒药以后，并未忘掉叮嘱他的朋友去代偿那向药神所许下的一只雄鸡。（这三篇是郭景译本和二张译本所共有的。）

Symposium和Phaedrus两篇是专论爱的，论爱便又论到美，思想极驰骋，文笔极洒脱。（这两篇是郭景译本所独有的）。

Euthyphro论敬，但是只有讨论而没有结论，颇有"只开风气不为师"的意思，——这也正为柏拉图多数对话中共同态度；Protagoras论道德与知识，论道德是否可以传授，这是到现在依然有趣味的问题；Meno论知识只是回忆，知识之进步当首在自认无知，这也是柏拉图所独特的重要思想之一。（这三篇是二张译本所独有的。）

很有味的是，在最初出现的译本是译的代表作，这就是吴译的《理想国》；次之，都关心到哲人口中的哲人，于是郭景译本和二张译本都译了那三篇关于苏格拉底的“行述”；终于看出趣味的分野来了，爱文学的郭斌龢先生选译的是两篇谈爱谈美的，而爱哲学的张东荪先生却选译的是三篇论知识论道德的。

（三）

吴译本是最早出的一种，也是比较最草率的一种，在这个译本里，一个字的序文也没有，一个字的附注也没有。文笔正如关于这书的广告上所说，十分“明畅”；不过把原书的趣味冲刷得也就最利害了。

原书有一种风趣，这和哲学教科书上所见的苏格拉底，或者柏拉图，迥然不同，因为，纵然在讲道德，说仁义，但是丝毫没有“正襟危坐”、“道貌岸然”的拘泥状。柏拉图的对话是小说，是描写性格（虽然主要是哲学家的性格）的小说，幽默的空气，时时透露而出。——说是小说又不如说是戏，正是陈筑山在《哲学之故乡》那本极有趣的小书里所称的“哲学戏”的戏。

吴译本把这风趣几乎全给弄掉了。例如原文说：“我正在想我是多么幸运，以为你接受了我的意见了呢，谁知道你又从根儿问起，你不晓得你所扰起的是一个大的蜂窠吗？我早见到这一堆麻烦，所以避了”（据Joweit英译本卷三，页一四一）；吴译却只作：“余知此事一提，必牵涉全局，故力避之而不谈”（上册，页三〇〇）。又如原书形容争权夺利的人，是“用他们那铁角和铁蹄子，这个踢那个，那个抵这个，好，早晚因为那不能满足的欲求，彼此抵死踢死完事”（据同上书卷三，页二九九）；吴译本也只作：“及彼此之欲望无餍足而起争端，则无异于兽之彼此以角激战也”（下册，页二五九）。

但这些似乎对于意思上都没有什么损害。至于原文说：“对，我说，可是在这样高尚的论辩里头，你还该再肯定一点才是，不要光猜；因为在所有的问题里头，这涉及善恶的问题乃是最重大的了”（据同上书卷三，页二八九）；吴译本却作：“然于此等重要问题，汝当有确实之见地，不可稍涉含糊，盖善的生活之区别，非寻常之问题可比”（下册，页二三七）。在我们读英译本时，见所谓“最重大的”（the greatest）我们自有一个感觉，就是柏拉图对于道德的问题之重视是高于一切的，因此而对于他的“理念论”，也自有一种认识，即知道那是伦理的立场重过于逻辑的立场的；但是读吴译本，只有“非寻常之问题可比”，我们看了却没有上面那种感觉，因而那十分重要的意义也便滑过去了。像这种例，就不只是冲浅原书的趣味了，盖亦侵犯到了原书的思想。

有的译语也很不妥，如：dialectic 译为“思想力”（英译本，卷三，页二三五；吴译本，下册，页一一八），reason 译为“理想力”（英译本，卷三，页二九四；吴译本，下册，页二九四）；前者如不采音译，就不如即译为“辩证法”，以见此间柏拉图所用的是一个术语；后者则应毫无疑问，在这地方译为“理性”。

有的显然是误译，如：“和贤人政体相当的人，我们很正确地称之为公道和善良的，是已经叙述过了”（英译本，卷三，页二四九）；吴译则作：“哲学家或贤人政府，吾侪非已认为政治中之最公道而最善者乎”（卷下，页一四五）；这显然是把原文中的“人”误会为“政治”。又如：“诗的取材，我们已经谈得很充分了，现在我们谈风格，风格谈完之后，那么我们就算对材料和手法完完全全讲过了”（英译本，卷三，页七六）；但吴译作“对于诗之宗旨，已论之详矣，请再一讨论其派别格调可乎？俟派别格调论定之后，更进而论其资料与格式”（上册，页一五八）；这显然是以为“宗旨”，“格调”之外，别有“资料与格式”，其实原文的“资料”（matter）统是指“宗旨”（subject），“格式”（manner）就是指“格调”（style）。

不过话虽如此，我觉得吴译本仍不失为一种可以看得下去的译本。本来，那生气盎然的活的语言的对话一嵌入方块字而又是文言文里，要不失点味，走点样是太难的。只是有些地方，倘如加点意是可以多保持一点原文的神情的，我们却觉得还是应当加点意的好。吴译本像是一个有点模糊的相片，固然未尝不能认出是本人，但我们不是希望更清爽些么？

（四）

以出版的年月看，郭景译本在二张译本之后，但是翻译的时日也许郭景译本在先，因为郭景译文是早在《学衡》杂志上就发表过的了。

郭景译本包括对话五篇，论爱论美的两篇是郭译，关于苏格拉底的生活的三篇是景译。前有导言，后有《柏拉图之埃堤论》一文，皆郭撰；又有《柏拉图理型说略评》一文，是景撰。

就译文论，已在吴译之上。因郭氏精通希腊文，故译去毕竟不同，而景氏中文雅洁，读去亦颇觉可爱。但我特别感兴趣的乃是他们的导言、附录和注释。

郭氏的导言中，有这样的话："柏氏文章，兼有吾孟子庄子之长，而说理之谨严有度，且远过之。……柏氏侧重数学与逻辑，与最近科学界之趋势，不谋而合。至其政治主张，戛戛独造，每足惊人，为近代谈士所乐道。唯柏氏所重，在个人人格之增进，与舍本逐末，但求更改外缘者精神绝异，非熟读原书，心知其意，固未可断章取义，率尔比附也。柏氏在西方号称理想主义的鼻祖；理想与梦想，毫厘千里，梦想颠倒者，每喜挟柏拉图之名以自重。排斥思辨，遁入虚玄，曰此柏拉图的玄学也。溺志声色，侈谈纯美，曰此柏拉图的感情也。夫柏拉图岂若是哉？吾国自翻译西籍以来，达尔文、赫胥黎、穆勒、斯宾塞之名已家喻户晓；译柏拉图者，尚不多见。默察国人心理，缺乏想象，崇拜物质者，必不喜柏拉图；他日喜柏拉图者，又将为神思恍惚、放诞不羁之徒，使柏拉图之名与卢梭，雪莱相提并论，是可忧也。夫理智与想象，合之则双美，离之则两伤。想象可贵，理智的想象更可贵；理智可贵，想象的理智更可贵。严密的理智与丰富的想象，兼备于一身者，柏拉图足以当之。读其全集，研究其思想之全部，此在今日学殖荒落，曲解西洋文化之中国，有志之士，所宜自勉者矣。”这些话完全对！他说柏氏所重，在个人人格之增进，与舍本逐末，但求更改外缘者精神绝异；他说想象可贵，理智的想象更可贵，理智可贵，想象的理智更可贵；这都是深深地浸润涵泳于柏拉图的精神之中的话，假若让我也掉几句文的话，这真是："非好学深思，心知其意，固难为浅见寡闻也！"郭氏所论，不独代表他对于柏拉图透彻，对于中国的学问也透彻，对于时代的通病和救济更透彻。

郭氏在《柏拉图之埃堤论》一文中，说埃堤论当分为逻辑之部与心理之部，就前者言是一理，就后者言是一物，他的话是："今有万金于此，可以取，可以无取，熟思默察之后，觉取之伤廉，因深知廉之埃堤，故决不取，此逻辑也。然既深知廉之埃堤后，渐觉廉之埃堤，如玉之洁，如冰之清，其为可爱，迥非金钱所可比拟，此想象也。由逻辑言，廉之埃堤，是一理也；由想象言，廉之埃堤，是一物也。”这也是精辟之至、透彻之至的。他又说柏拉图之埃堤，实如程朱所谓事事物物皆有理可格之理字，柏拉图之回忆论，颇如中国所谓“复性说”，这都见他贯通中西的学力。

景氏则附有《柏拉图理型说略评》一文，其中论事实与理论一段也很精彩，他说：“事实而不合于说明事实之理论，则其理论必妄，当修正其理论以求合于事实；若理论不妄者，则与之不合之事实，当绝无或绝非事实。……世有故泯理论与事实之别，而倡存者必合理，合理者必存在之说者，则海格尔派之玄学是已。……世有否认不道德的事实之为事实者，则绝对的或超绝的唯心论之玄学是已。”另有两处，我却不敢苟同，一是他反对人同此心，心同此理的论调，他说：“此误同为一之谬，有以致之。人同此心，究非一心，心同此理，自非一理。”我觉得这只可以论心，而不可以论理，“理”实在是可以只有一个的时候，例如二加二等于四便是，虽然承认这个“理”的心不必是一个；二是他反对先天说，他说：“一切知识，一切行动，一切事物，一切关系，就其因相而言，孰非先天的具有可能性或潜势力者？夫然，则一切皆先天的；先天的与非先天的，失其差别，即失其意义。”这似乎是把逻辑上的先后与事实上的先后混淆了，但二者决不是一回事，事实上的先天容或可以没有意义，特不能因此就说逻辑上的先天也没有意义。

郭景二人的哲学见地是不很相同的，趣味上也有分野，所以各人认选的内容也不一样，但这无伤于译本的名贵，反之，更给读者一种趣味——学术上本不必“定于一”。

书中的注释往往能中西比较，增加学者的兴趣，例如 Phaedo 篇中论及相反相生，就注道：“此与老子有无相生，难易相成，长短相形，高下相倾，音声相和，前后相随说相近”；又叙及塔塔鲁之壑（Tartarus），就注道：“按列子云渤海之东，不知几亿万里，有大壑焉，实唯无底之谷，其中无底，名曰妇墟，八浤九野之水，天汉之流莫不注之，而无增无灭焉，《庄子》《山海经》皆有相似之文”；皆是。

本书译文虽然只有五篇，但是因为那导言和附录的论文之概括，让读者已可由此略窥柏拉图氏学说的大体，所以我敢说这胜过国人一切迄今流行的关于柏拉图的书，无论是专论或者部分地论到的。

（五）

郭景译本却也有一个毛病——这是在那样雅洁的译文里不可避免的毛病；就是失掉了——至少是减少了——原书思辨的特色。

能够保存思辨的特色的乃是二张译本。这译本包括对话六篇，有三篇与郭景译本重复，那就是关于苏格拉底的传记的。书是张师竹初译的，张东荪序称已改其十之八九，所以这书无宁说就全出之张东荪的译笔。

张东荪的序上说：“余于是知译事之难矣，盖译必先有三事为所必具：一曰文字之知识，此属于工具者；二曰学理之知识，此关于所译之书之内容者；三曰须能循守著者之思路，往往工具具矣，学理谙矣，而不明其所以如此置词之故，以致所译者似是而实非。”这一段话很有意义，正因为译者注意到后一点，所以颇能保持原书之思辨的特色。换言之，也就是能保持原书的哲学味，而且的的确确是西洋哲学味，这是比郭景译本又进了一步处。以看戏作比方吧，倘若愿意在适合国人的口味中而观西洋戏剧的话，自然可以找郭景译本，但如果愿意直截了当地观西洋戏剧，就可以找这二张译本了，因为前者像是为了上演改编过的，后者则只是照译，没管便于上演与否。对哲学本身发生兴趣的人，或者要更喜欢二张译本的。

注释也很精审，例如 Euthyphro 译中注六，讲到虔敬二字的原文，就希腊、英、日各本比较，便颇见其不苟。

不过译文中误译的地方仍不能免。例如在 Phaedo 译文中有："哲学固音乐中之最大者，亦犹运动场上之观众呼声，使竞赛更努力耳。"实则原文系指梦，并不指哲学，这地方就还是景译正确。

（六）

以这三种译本论，虽令人略有后来居上之感，但最后者也仍不能让人十分满足，这就是因为仍不能传出原文从容不迫、莞尔谈理的妙趣故。恐怕文言文是一个大障碍。一用文言文，大概不知不觉就把思想方式变成中国式的了，在译者笔下便很难没有对原文割爱的地方，在读者也便很难不对于原书独特之处为习见的成语（这是文言文的特色，尤其是好文言文）所滑过了。

张译本谈到翻译，现在我也以论翻译作结。我觉得最成功的翻译是要保持原文的风趣的，这要求不只是形式上的，也是精神上的，又不只是表面上的，乃是有有机的内在的意义的，尤以翻译古典的著述为然，更特别是关于柏拉图的对话的翻译为然。

二十八年四月一日

九、战争与文化动态

在这次战争的初期，就触发了我对于战争与文化动态的问题的兴趣，但是并没有什么所得：在书本上去找，也找到的有限。然而随了战争的进行，却让我看到战争与文化动态之活泼生动的联系来了，毕竟让我觉悟实生活之可贵，冥想和书本却都是空虚的！

到现在为止，我所看到的，大概是这些：

第一，战争使唯物论者不能维持其立场，无形中助长了唯心论的势力。试看在中日战争的初期，许多左派的思想家也都反对唯武器论了，到了德苏大战揭开，连苏联的文告，也都强调精神重于物质了。战争在开始时，固然不免先有一番利害的考核，以为趋势的权衡，但到战争既已进行，那就只有比赛意志。无论胜的一方，或败的一方，大都在极端兴奋的心理状态之下。因此，在通常所不被注意的人类行为中之心理成分的力量，这时就不能不被人给以很高的估价了。战争往往产生唯心论的哲学，证之以中外哲学史，也多少见出那消息：例如菲希特是极端唯心论的哲学的代表了，他的哲学系统即完成于拿破仑兵临城下的时候；近代提倡精神主义最力的是奥伊铿，他的哲学也产生在上次欧战之际；中国最古的唯心论哲学当推孟子，那也正是产生在“争地以战，杀人盈野，争城以战，杀人盈城”的时候；后来讲“心学”最起劲的则有阳明，阳明也便是平江西、平宁王之后，于军马倥偬中而完成其思想的；即降而近代中山先生所谓“吾心信其可行，则移山填海之难，终有成功之日”，也何尝不是产生在和清廷屡次的战斗之中？战争是唯物论的试金石，唯物论却是经不起战争一试的。

第二，战争使社会主义的理论与实践都有迅速的进步。我们所谓社会主义，是广义的，包括各种程度，各种方式。从柏拉图的共和国，《礼运》上的大同，到中山先生的民生主义，苏联的共产主义，都属之。民生主义只是适合中国国情的一种社会主义而已，这一点在中山先生未尝不承认。我们试就这次中日战争看，我们政府便可说把民生主义的实现提早了好些年：例如我们在二十六年开始征所得税，在二十九年开始征遗产税，在今年六月设立了地政署，这不都是节制资本和平均地权的先声么？更如为工人的福利计，战时的工厂大都有新运总会妇女指导委员会派的工厂服务队；为统制经济计，有许多工厂加入政府的投资，有许多营业，已渐次改归政府专卖；为使人“不独子其子”，于是战时有儿童保育院的建设；为谋一般人的衣食住行育乐的改善，于是我们在战时又设立了社会部……这些飞跃的进步，哪一样不是关系民生主义的？也就是，哪一样不是关系社会主义的？说社会主义，只为的是好把这种动态推广，不限于目前的中国。社会主义的精神在反个人主义，并在一种着眼于社会整体的统制手续。就这个观点看，战争本身就包括有一种社会主义的精神；你看，在战争中，无所谓个人的自由，在战争中，不特无所谓个人，也无所谓家，行动只有是集团的。尤其在现代的战争，战争是有全体性的，许多事情，不能不着眼在全般。因此，就某一种意义说，社会主义不妨认作是战时集团精神的扩大。就人类思想的进展上看，实际亦多系如此。例如柏拉图的共和国，这个最早的社会主义理想，正是以斯巴达的士兵生活为张本。战争往往产生社会主义的理想：中国讲大同的《礼运》，是产生在战国末期和秦汉之际，这是兵戈闹得最凶的时候；陶潜的乌托邦——桃花源，也产生在晋宋易代的战时；清末屡有外患，战争相连，于是公羊派的思想又大为复活。战争可以产生社会主义的理想，战争可以培养社会主义的精神，战争可以促进社会主义的精神，战争可以促进社会主义的实践。

第三，战争使人认识文化的整个性。在常时，人们不容易看出文化中各部门的有机统一。例如文化与政治，在常时人们总以为二者不是一事，但在战时就不然了，政治与文化乃令人觉悟是同一力量的表现。你看有亚历山大的征服世界的气魄，就有亚里斯多德在学术上囊括宇宙的雄心；有汉武帝的雄才大略（《汉书赞》），就有司马迁的“观古今之变，通天人之际，成一家之言”的抱负；有贞观开元之治，就有玄奘佛学、颜真卿的书法、杨惠之的雕塑、吴道玄的绘画、李白杜甫的诗歌；有菲迪里希大帝，就有康德歌德。

中国自“九一八”后，学术界有惊人的进步，这和中国的军事政治之渐有起色，也是同一种消息。范围缩小了说，在文艺范围以内，在通常有“为人生”与“为艺术”的争执，可是就战时所表现的看，二者可以不必争执，为人生的作品固不见得有损于艺术，为艺术的作品也不见得有背于人生。曹禺的剧本《蜕变》，就给我们一个实例的说明。他这剧本是要写一个新型公务员的，根本是在教训，但又何伤于是一本上选的创作？为人生，为艺术，并不冲突，政治与文化，并非二事；这就是说明文化是有整个性的。这种认识，却只有在战时才让人体会得最深切。

第四，战争使人在文化上增高了创造的勇气。常时人之所以不能创造，往往是依赖性使然。明明自己有一种学说，也先要看看人家有过没有；明明自己有一种发明，也先要见见人家是怎样制造的。但是战争是一种大破坏。在这大破坏之中，许多为人所依赖的凭借也被破坏了，这样就不啻给人的创造能力以一种解放。中国是一个古老的国家，迷信权威的奴性最大，幸而战争把人的许多依赖物撤除了，于是国人在战时的发明也就较盛。再说人是有惰性的，在平时才以为今日不成，可待明日，明日又待后日，结果并无完成之日，战时则不然，时机都是迫不及待的，反而让人赶着完成了好些东西。而且彼此刺激的结果，大家便都活跃起来。例如看见张三写剧本，李四写剧本，于是自己也就跃跃欲试起来了。从这里也可以让人明白宋词元曲之盛，大概也就是这种情形。战争提高了人创造的勇气，并且可以是大量的。

第五，战争使人对于自己的文化入于反省的态度。在常时，人总有所蔽，自己估价不是太高，就是太低。这是因为平时的生活是舒适的，舒适就会让一个人的思想对什么事都是滑过的，而不深入。战时则让人的精神严肃了，沉潜了，所以比较容易公平，容易得到真相。我们试看国人在战时对于自己的文化的态度，就可以看出，大概有三变：先是悲观，笼统地觉得自己一切不行，除了少数超特的人之外，大概口里说得虽硬，心里总还是怯，这是第一期；次之，则又一转而为乐观，觉得自己的一切都有神秘性的优越，于是沾沾自喜，但这种自喜也是笼统的，飘浮的；最近则又一变，我们检讨，我们反省：对于好的，我们默默承认而已，但要更好：对于坏的，我们也默默承认而已，但要徐图改革。这时沉着得多了！这种反省而沉着的态度是一个最正当的态度，在这个态度之下，当可渐次有人会把握中国文化的真相了。

第六，战争使人承认了传统的力量。说得更具体些，也就是历史的力量。试看凡是没有历史、或者历史黯淡的国家，大都抵抗不住侵略。反之，那历史或者传统中越有不可磨灭的成分的，则抵抗力越强。就这点看，战争又不啻是一种德性的决赛。传统有力量，我们常时未尝不承认，但是我们看不出它的力量这样大，也不能看这样清楚。例如“正其谊，不谋其利，明其道，不计其功”，这是中国人的一种传统，但平时没看出它有多大作用，也没看出它是中国人所特有。然而经过这次大战，看到中国士兵只知守土，不知计较力量大小，败则有之，但无所谓降，也无所谓退。岁寒然后知松柏之后凋，我们就不能不庆幸我们自己有这种传统，而且感到它的力量！

第七，战争使民族的表现能力觉醒了。中国的歌咏、戏剧、音乐、诗，在“五四”以来，从没有像现在这样发达过。单就戏剧一项而论，从二十六年八月到二十八年八月，两年之间，已有四百种左右（唐绍华：《一百种抗战剧本说明》，正中版），这岂不可惊么？在战争初起时，歌咏的声音，唱遍了各个穷乡僻壤。像血液受了刺激一样，立刻有急遽的有力的循环了！中华民族是一个不善于表现的民族，不是战争，当然不会有这样的奇迹。

第八，战争使文化在量上有普遍的传播。在平时，文化往往集中于一地，但现在不同了，增了许多中心，添了许多据点。因为交通的阻梗，我们常常在此地并不知道彼地的进步状况。但每逢我们知道一地的文化进步以后，我们无不有惊奇的感觉。在从前，国际政治和经济知识，都是多么专门的东西，但现在非常普遍，几乎在从前非在高中或者甚而大学生不了解的，现在却一般老百姓也家喻户晓了。现在物价虽高，但并不因此打消了人对书籍的渴求。任何书到市场上，往往转眼即光。这不只是因为书少，而且因为知识在急遽地普遍化。战国时一般人知识水准之高，我们也可以因此了解了。

第九，战争使人有构成史观的机会，这种史观往往倾向于重演的，说得专门一点，就是文化形态学的。这种史观，在中国最早的，当推孟子。孟子说：“天下之生久矣，一治一乱”，又说，“五百年必有王者兴，其间必有名世者”。这都表现一种重演的史观。而孟子的思想，正产生在战国，近代在西洋是施贲格勒，他以为每种文化也是有寿命，有周期的，不过不是五百年，而是两千年。他的学说，也便是产生在上次欧战之际。这次中日战争既起，中国便也有学者作文化形态学的探讨的了，说现在又是一个大“战国”，大概战争总是爆发在一种文化告一段落之时，尤以大战为然，所以自容易让人有应该结一笔总账的感觉。这结账的方法，就是史观。因为与前些段落相比较之故，自容易发现一些共同点，这便构成周期的、重演的，也就是文化形态的观点了。

总而言之，战争对于文化动态的作用，是让文化活跃，让文化发现了自己的全体性，是让文化向前进着！这都是文化对于战争之赐；然而战争对文化也不是全然有着助益的，在战时，文化所缺少的是深，是细，是尽。但那乃是属于文化的更进一步的建设工作了，我们只有期诸胜利之后！战时之所赐，也还是尽够人欣取的！

三十一年七月七日前夕

附录：再论战争与文化动态

我在《时与潮》副刊"创刊号"上写过一篇《战争与文化动态》，时间隔了一年有半乃修正并补充而作《再论战争与文化动态》。

我在那篇文字里的结论说："战争对于文化动态的作用，是让文化活跃，让文化发现了自己的全体性，是让文化向前进"，这根本观点没有变。

那时我举出的细目是：（一）战争使唯物论者不能维持其立场，无形中助长了唯心论的势力；（二）战争使社会主义的理论与实践都有迅速的进步；（三）战争使人认识文化的整个性；（四）战争使人在文化上增高了创造的勇气；（五）战争使人对于自己的文化入于反省的态度；（六）战争使人承认了传统的力量；（七）战争使民族的表现能力觉醒了；（八）战争使文化在量上有普遍的传播；（九）战争有使人构成文化形态学的机会。

现在最应该修正的是第一点，这一条应该改为："战争使唯物论者和唯心论者都有了反省的机会"。上次我观察的只是一面，现在应该补充入另一面：战争不唯使唯物论者不能维持其立场，而且也使唯心论者觉得自己的立场有重加考核的必要。在战争里，我们就越发看得出，有些事情确乎是需要有一点“物质条件”才能维持的。比如说“师道尊严”这件事，我们就可看出那物质条件便是先生的生活和学生的生活必须有某种距离，这个距离却必须“经济”才能建筑起来。假若像现在这情形：教员食宿都成问题，总共一个小房间，太太小孩吵闹一团，老师提篮买菜，因为钱少，自然不免斤斤计较，“温良恭俭让”是见不到了，却常常是疾言厉色，愁眉苦脸；书籍缺少，功课既不能预备充分，学术工作也无从进行；甚而更糟糕的，有时不免和学生争平价布，争平价米，争大小便的地方，况且衣服褴褛，精神萎败，请问如何能让学生尊敬？他自己也如何能坦然而且自尊？当我们从前逛故宫时就可觉得，故宫不过是寥落的大房子，宝座也不过是大一些的有扶手的椅子，真看不出皇帝有什么尊严来，但是马上就可想出了：从前之尊严，一是由于常人平时不能进去，二是由于许多侍卫太监大臣在旁烘托着。这是什么呢？这就是皇帝尊严的物质基础。

在战争期间，一些学者不能保持书生的本色，一些青年不能有正常的心理反应，奉公守法者之希见，投机侥幸者之充斥，师道扫地，友谊淡薄，父母对于子女不负责任，子女也对于父母不能有充分的奉养……一般地说，知识分子的道德是在堕落中，原因虽多，主要的则是物质条件的影响。“士无恒产而有恒心”，本来是很难的，“民无恒产，因无恒心”，乃成了普遍的事实。究竟特立独行的“士”少，而普通的“民”多，所以，“衣食足，然后知礼义”，仍显出是铁的真理了。这是唯心论者大可以反省的。历来的大哲，在崇高的人生伦理理想之外，往往关切到人类实际的福利，孟子在强烈地反功利之外，又那么热心于“八口之家，可以无饥”的经济建设，更知确非无故了。长期的战争，越发让人体会文化的整个性，唯心唯物何尝可以一偏？以前我只注意到唯物论者之经不住战争的试金石，现在我要补充上唯心论者也经不住战争的试金石了！唯物论者只注意了泥土，没想到泥土之上的花果，唯心论者只注意了花果，但却忘了花果下面的泥土了！战争让二者各觉其偏，这是我亟应修正的。

其次，我在第七点里说：“战争使民族的表现能力觉醒了”，现在我觉得这话还不够确切。这是因为我只说表现能力觉醒，但没说表现了什么。现在我敢确切地说，这是民族意识之逐渐显露，最后将是真正的国民文学的出现。关于这一点，我不是由中国这次战争所能看出的，因为中国这次的战争还没有完。我的根据乃是已往的几个国家的例子，这意思我曾写在《北欧文学》一书的自序中。所谓国民文学，须是用真正本国的活的语言，写本国人的真正性格，代表本国人的真正哀乐，而且放在世界典籍中，却又可居第一流作品而毫无愧色的才行。中国现在的话剧，有不少是采取本国历史材料了，这倾向越来越浓，那意味又是具有深切同情的建设性的为多，这或者已经是一个征兆。文学是一个民族的生命的结晶，我们希望在各种表现能力提高之中有真正面目的国民文学继之。

还有，在以前所说的第八点里，也要有一点修正。那时我只从战争使文化在量上有普遍的传播，现在我要加上：“并使文化在形式上提供了更多的花样。”战争在一方面使思想趋于统一，趋于集中，但另一方面就也使思想富有变化与歧异。这是无足怪的，因为战争使人感觉各种的需要，于是有各种问题并各种解决。

况且战争既破坏了一些东西，使人少所凭借而提高了创造的勇气，而战争如果是长期，则使人更感觉生活的单调（戒惧和恐怖久了，就会产生紧张的反面：疲劳），于是渴求知识。因而在平时不为人注意的思想学说也就有人敢拿出来，而且也有人肯接受了。现在出版业的旺盛，古典书籍之争先翻译，书画古物展览之吸引人的众多，各种思想之通俗的介绍，许多著作家之出版旧作，统统可以看作是这个消息。证之远古，战国时的诸子争鸣何尝不是如此？证之近代，上次欧战时各种怪思想、怪画派、怪作风，也很可了然。我上次在文章的结尾说，战时文化所缺少的是深，是细，是尽，那是对文化之普遍的传播而言的，现在对文化之在形式上提供了更多的花样言，也仍是如此。深，细，尽，只能期诸战后。战争一面是过去文化的清算，一面却也是未来文化的胚胎和萌芽。

以上修正已毕，下面是在我以前提出的九点之外，又新观察的几点：

第一，战争使一切原有的状态或倾向都尖锐化，夸张化，简直是卡通化。例如本来那般唯利是图的商人是赚钱的，在战争时就更表现其赚钱的本领，本来脆弱的知识分子是有些依违不定的，在战争时也就更表现其东倒西歪，反之，本来农民是英勇而有些韧性的，在战争时也就更表现其坚强与百折不挠（士兵和战地民众大半都是农民），其他无耻的越发无耻了，荒淫的越发荒淫了，而勤奋苦干的也越发勤奋苦干了，这真是有趣的事。战神仿佛一个好导演一样，让各种脚色都显著地表现其特长，又像一个长于谑画的能手，让各个人的面部特征都十分突出。不唯单个人或一部分人是如此，就是整个国民的优点和弱点也在战时格外暴露。至于有些人见了这样要悲观，见了那样要叹气，其实很不必。因为本来是那副样子！不过加深了一些而已。加深了一些也不坏，因为可以让人看得分明些。

第二，战争使“现代化”迅速完成。什么是现代化？现代化最重要的意义便是组织与效率（效率牵涉到对时间一因素的重视）。战争本是需要指挥统一的，为达到这个目的，必须要有组织。由是而影响到各方面，都感觉组织的必要。大而言之，国际的组织，已经在呼求着了，小而言之，各种协会或团体，在战时也如雨后春笋。组织的真正意义当然是在一个团体中的各分子单独存在便无意义，一个分子所发挥的特殊效能必须与其他分子所发挥的特殊效能相配合，而且每个分子的特殊效能决非其他分子所可代替等等，表现这种意义的组织的，便是这次欧洲战场上的机械化部队。中国的组织化还没到这个地步，然而组织化的初步，就是有所联系，这却已经在中国表现着，而一变往日的散漫如沙了。这是走入现代化的一个象征。现代化的另一要素是讲求效率，注重时间。战争本来也是取决于时间的，行军的时间要迅速，攻击的时间要操之在己，其他在在需要争取时间的地方更算都算不清。这种观念和作风，也影响于社会各方面。讲效率和时间，我们又不能不讲到“物质条件”了，这一方面的物质条件就是交通工具。中国战时的交通，常被人责难虽是事实，但那都是就各人所遇到的私人利害为出发，倘若就大处看，中国在战时所发展的铁路、公路、驿运，其成绩远非战前可比。即一般人之使用交通工具的观念，也较前大有进步，从前老太太和小姐哪有敢坐飞机的？但现在是常事了。她们何以选择飞机而不坐汽车或滑竿呢？答复一定是“为快”。“为快”就是讲效率和争时间，这是现代化的又一象征。

中国经过这次战争以后，无疑是急速迈进资本主义的工业社会了，机器文明将要普遍地为人享受着。这种变动之影响到思想上去，也是无疑的事，虽然在现在还看不出什么太明确的面目。组织和效率也并非二事，组织者即为的得效率。中国在过去很少有人注意到人事管理，现在不唯管理上的探讨已成为时好，而实践上的普遍也可于各机关上之添设人事部分见之。中国过去讲现代化不过是有识之士的呼号，自从战争起来，就迅速地开展起来，这真是战争所赐者之中的最大的了。

第三，战争使人树立了新道德新人格的标准。这标准就是健朗和坚忍。换言之，是一种强者的哲学。所谓强，并不是粗暴，乃是意志，乃是所谓“自胜之谓强”。在常时，大凡有天才的人之所以成功，都只是坚忍二字，但普通人未必觉得，到战时就让一般人都注意到了。罗志希先生的《新人生观》，未尝不是战争的产物，虽然在著者作书的时候也许没意识到。那部书的销行之广，固然有文字的关系，有思想的关系，而更重要的一点，怕仍是和战时的一般人的心灵相符合，虽然读者在读时也未必意识到。

以后续有所得，当再修正与补充，到现在为止，却也再作一结论如下，战争是文化的触媒，战争是文化的播音机，战争是现代化的文明之催生婆，战争是社会上一切形形色色的放大镜，但却也是试金石！

三十二年十二月五日夜

十、精神建设：论国家民族意识之再强化及其方案

为什么要提出国家民族意识之再强化呢？这是因为我觉得现在一般国民的国家意识和民族意识都不够故。不唯应付当前的国难不够，就是就一个现代国民之起码的应有的国家意识和民族意识说，也不够。

你看，为什么现在还有个人主义享乐主义的流行？为什么现在还有唯利是图地抬高物价的奸商？为什么还有敷衍溺职的公务员？为什么还有钩心斗角的教书匠？为什么还有彷徨苦闷一无所事的青年学生？这都是国家意识不够，民族意识不够使然。德国之所以战败法国，是因为他们的工作提高到了每日十二小时，

而法国人每日只有六小时的工作，却还偷懒。一边是勤奋，一边是怠惰！这教训太可怕了！我们不能不有一个反省，到底我们应当每日兢兢业业，做十二小时工作呢？还是悠悠岁月，不识不知，六小时的工作还不肯卖力呢？如果有后一种人，那就是因为他们国家意识不够，民族意识不够。如果这一种人占大多数，那就是因为大多数人的国家意识不够，民族意识不够。以这种薄弱的精神武器与人对抗，那就太危险了！

不错，抗战以来，我们的国家意识民族意识提高了不知有多少，这种浓厚的国家民族情感诚已洋溢于穷乡僻壤。然而我却觉得还是不够！我总有一个忧虑，中国太大了，过一种唯我独尊的生活又太久了，现代的思潮又那样错综复杂，这在在都是培养国家意识民族意识的阻力，我深怕巩固而浓烈的国家意识民族意识实在一时建不起来。我更有一个忧虑，觉得将来的民族战争仍是免不了的，就是中日战争，哪怕这次结束，以后还要时时爆发，为树百年大计，我们不能不把我们的精神武装起来。

顺其自然是不行的。顺其自然，就还是一盘散沙。要造成水门汀，便必须有种种设计而后可。兹就平日思想所及，并根据已经实行的，成一具体方案如下：

第一，这以下的几种工作，须先有一个总其成的机关。职责须集中，须专。只有机关还是不行，只有机关就容易流入于具文，其失也空而泛。因此这机关须与各部门的活动相连贯。反之，只有各部门的活动也是不行的，那样容易步骤不齐一，其失也碎而弱。我主张执行这些工作的机关，千万不要层床叠架，要集中，要专，同时又须和各部门的活动有一种很迅捷而灵活的联系。这一点是根本，否则一切便都成空话。

第二，造成舆论。我首先希望的，就是舆论界须造成一种严格的深中于人心的尺度。一切的一切，只要和国家民族的利益相背谬的，就加以痛击。我们要相信绝对的爱国主义。爱国就要绝对地。舆论界应该时时作一种动员的准备，只要有机会，就要向国民阐说爱国家爱民族乃是一种崇高的道德，因为这包括着牺牲小我而顾全大我；就要向国民阐说个人的生命是有限，民族的生命是不朽的；就要向国民阐说爱国家爱民族是无条件无理由，像爱父母一样，只有奉献自己而无所谓索取代价的；就要向国民阐说凡看任何事件须有一个独立的国家的立场，既不得没有立场，也不得站在别的国家的立场。我们不是褊狭，但是要巩固自己，要对自己公平。舆论的力量是大的，舆论是无冕的帝王。在过去一盘散沙的状态，有大半是老庄那样个人主义虚无主义的舆论造成的，将来那样只有国家只有民族而泯却自私自利的生活方式，难道不可以由新的健康的舆论造成吗？

第三，举行巡回的文化史讲座，不明白一件东西，是没法去爱的，就是去爱也是盲目的、一时的。我们应该对于中国的文化传统有一番彻底的中肯的认识。但一般人却没有能力去担负这样的工作，所以我们希望专家出来指导我们。中国的专家本是少而又少的，所以我主张采取巡回式的。现在既有飞机，交通很方便。很可以由国家把这些专家接送各地，请他们宣讲中国文化的真相。不妨分几个专题来演讲，但要精，要确。时间却不可太短，三两次演讲，敷衍了事，是毫无益处的；起码要两周左右，好使他们畅所欲言。这种人才的选择，也须有几个标准：第一要中西兼通，否则便或者陷入自大或自卑，这都是我们所不要的；第二要着眼大处，能确切认识自己的文化传统，假若只是琐碎的考证便毫无意义了；第三要他本人具有强烈的国家民族意识。倘若能够做得好，不唯可以提高国家民族的意识，且可以给学术界一种刺戟，使学风有点振刷。这事轻而易举，收效却可很大。藏书不读是一种笨策，有学者而让他们无事可做，老守于一地，也同样不智。

第四，提倡新儒家精神。所谓新儒家精神，就是指不是迷信的西汉今文家精神，不是支离的东汉古文家精神，也不是空谈义理的宋儒精神，更不是规步矩行的冬烘的高头讲章精神，这些都不是真正儒家精神。这种人里头，在开风气时，未尝没有杰出的，但到了末流，就一无可取。即使再提倡他们，也不会有刺戟国民的生命力和原动力。所以我们要提倡新儒家精神。新儒家精神不是别的，只是原始的儒家精神。换句话，就是我们要直接探源于孔子孟子的真精神！这种精神够博大了，够深厚了，也够热烈了，恰可以给被老庄虚无主义个人主义所害得贫血了的中国国民性一点消毒的力量。各人自扫门前雪，是非都因强出头，这种观念深中于人心，这个民族便可以日趋于万劫不复之地。“发愤忘食，乐以忘忧，不知老之将至”，“知其不可而为之”，“岁寒然后知松柏之后凋”，“人恒过，然后能改”，只有这些雄伟勤奋的精神，可以使一个民族起死回生。我们枉被了儒教国之名数千年，实则我们何曾实行过儒家精神！儒家精神首在反功利，轻小我，可是我们的社会是充满了世故和惰气。现在是我们反省的时候了！我们是不是永远做一个只是喻于利的小人呢？还是堂堂做一个喻于义的君子？两千年以上的精神病态恰恰是前者而不是后者！现在又是功利主义弥漫的时代，救水莫若火，所以我们急需提倡原始儒家的反功利精神！我们应该骄傲有这种可贵的传统！

第五，积极推行国语运动。说一个浅近的比方，同乡之可亲，就是因为彼此有着相同的乡音。言语是沟通情感的媒介，我们要想有一种举国一致的精诚团结的情感，我们便必须有一种统一的国语国音才行。当我廿六年九月到了广州，到了香港，听了许多语言不懂得，直待到了安南，却无意间听见华侨开的商店中所收听的中央广播电台的国语报告了，我的欢欣之感为何如！我那时才觉得国语的可爱，而且听了那如同故人一样的国语，立刻觉得国家之和我休戚相关。一个民族的语言并不是十分外在的事，却还有内在的深刻的意义，它是民族精神的化身，它是民族传统的寄托。一种语言代表一种世界观（宏保耳特就这样说）！为破除各地方此疆彼界的封建观念，我们只有推行国语！为造成一种强大的向心力，我们只有推行国语！自然，我们的国语还有不完善的地方，例如语汇太少，不够美，文法太粗，不便表达繁复的逻辑思维，然而清楚嘹亮，简劲有力，是当得起的。这些好处应该保持，那些缺陷自应该改善。我们希望在几年之内，每个小学生都能吐字清楚，写文章能明白如话，每个国民都能彼此接谈，毫无隔阂。这不仅是国语运动家的责任，同时也是戏剧家、小说家、教育家的责任。不清楚的语言和不清楚的思想互为因果，不统一的语言和不统一的意志互为因果，因此我们要积极推行国语运动；并在推行中建设一种更清楚、更有力、更美的国语！

第六，彻底改良中小学国文史地等课本。就现在已经出版的中小学国语史地课本看，实在不能让人满意。在国文方面，并非只选几篇像《正气歌》和《满江红》词一类的东西就算改良。这还是表面的。我们需要把我们国家民族的精神和心灵灌注给儿童。这是文艺教育的问题。说到文艺教育，便须以文艺批评为基础，而文艺批评又须建筑在文艺美学上（这是玛尔霍兹的说法，见其名著《文艺史学与文艺科学》第四章）。简单说，我们应该把对于已往的伟大作家之正确的批评与认识普化给儿童或一般国民。例如陶潜这样的人，我常听见中小学的国文先生向学生讲，说这种隐士要不得了，因为大家都做隐士，国家岂不完了？然而陶潜的真相岂是如此？陶潜是“朝与仁义生，夕死复何求”的人，是“不赖固穷节，千载当谁传”的人，教员实应该把他这种真精神讲给学生听。浅薄的功利看法要不得，我们所需要的却是同情的深切的理解，和虚怀若谷的敬畏之心。只有这样才能够培养国民对于文化遗产的认识。也只有这样才能使国民得到民族的自我肯定和民族的自信力。至于史地课本，我们嫌不扼要，文字又不够活泼。中小学生不需要知道一些琐碎的问题，却需要知道一个完整的轮廓。现在教科书中的材料，分配太不平均了！文字不活泼也不是一件小事。这样将减少他们读史地的兴趣，制约反射的道理是可以应用在这里的。我们希望史地课本，起码是要能读的。作者固然要专家，但也需要有文才，我们愿意他们和文学家合作！中小学的史地课本，对象似乎不应只以中小学生为限，最好让一般识字国民也能高兴去读。何种伟大人物是我们的，何种伟大地方是我们的，有了这种观念横亘于心中，国家民族意识便会油然而生了。

第七，应用美术中应尽量采取中国图案和花纹。人们在日常生活中的观感最重要，假若培养一种环境，使人在不知不觉之中而得到一种爱国家爱民族的感发，这是比任何方法都有实效的。为人日常所最接触的，莫过于建筑和器用。一出门，一入门，就看见房子；一坐一息，就使用着家具。这些地方，都应该竭力使其中国趣味化。北平的协和医院，建筑何尝不好？南京的铁道部，建筑何尝不好？饕餮纹、山纹、夔纹的器皿，又何尝不好？我们都应该尽量采用。茶杯上画一枝玫瑰，远不如画一枝梅花或竹子。更可贵的是中国的美术，都有它伦理上的意义，松竹梅，菊兰莲荷，或则代表君子，或则代表隐逸，或则代表气骨，或则代表高洁，这不是西洋的图案像玫瑰等所可比拟的，尤其不是像东洋菊之类所可比拟的。关于这方面，我主张用奖励的方法，这就是由国家（例如教育部的美术会）看到某种建筑样式或某种器具花纹合乎标准的，就予以奖励。久而久之，使国民造成一种一般的审美能力，社会中便自有取舍了。我记得一个大心理学家说，儿童的第一次教育，是得自地板。因为儿童首先会在地板上爬，地板的美丑，便足以影响儿童的德性。因此，建筑及日常器用，便非出之于一种优美的形式不可。在同样经济条件之下，我们主张采取用中国式的。为美，也为培养国家民族意识。

第八，奖励国民旅行，旅行是提高国家民族意识的一个最具体最有效的方法。普通所谓锦绣河山，只是一句空话，只有在旅行中方可真切地感到。就我个人的经验说，假若不是有二十四年时的西安洛阳之行，我就没有现在对中国这样爱。二十六年时，我又从郑州直达广州，我于是才深深体会中国之大且美了。为使一般人爱国起见，应该普遍地提倡旅行，奖励旅行。像民族扫墓节这种日子，在升平时，就应该使各地学生都前往旅行参加。在这种机会造成的国家民族意识是不可计量的。在这非常时期，似乎各地也可作短距离的扫墓旅行，因为各地也还是有不少民族英雄的墓地呀。我们希望教育部和交通部都不要爱惜这点小费，因为代价是一定值得的。

第九，电影戏剧中应该加入强烈的国家民族情感。政府虽然业已顾及这些事，但似乎偏于消极的制裁和检查者多，我们觉得奖励也同样不可少。任何电影开映之前，似乎可以放映一些各地的风光，这在无形中即施行各种地理教育。至于与国家民族无益的，或不是什么文艺名著的电影则可以严加取缔。青年们知道几个明星的名字有什么用？看什么巨人谷、绿林怪杰有什么意义？

第十，在文字中凡是遇见国家所有的东西应一律加以国字，写到国家或者政府的字样时应该抬头。国史、国法、国军、国语……应该普遍使用，务使一般人在心目中造成一种大义昭然的敬畏之感。至于写到国家或者政府的地方应该抬头，我的根据有三：一是在前清时代，遇见国家或功令字样尚且抬头，那时是异族统治、专制政治，尚且如此，现在政权到了我们国民手里了，难道我们不更应该尊重，更应该表示敬意么？二是外国文遇见国家或政府时，也往往大写，可见这是很普通的事。三是我觉得中国现在在文字中也有抬头的地方，但多半是对于人的关系，假若同样施用在大我的关系——国家上，岂不更好么？

中国这个国家太大了，假若没有一种一贯的国家民族思想，是不容易运转推动的；中国现代的思想是太复杂了，假若没有一个最高的取决的标准，势必使人无所适从；中国过去个人观念的生活也过得太久了，不抬出“大我”将没法挽救民族运命于世界生存竞争场中。为树百年大计，我们有再强化国家民族意识的必要。

这一步基础到了，然后我们可以迎我们的“文艺复兴”。

三十年十一月一日

十一、舆论建设：论思想自由及其条件

在原则上，我是绝对主张思想自由的；可是在有些条件之下，我不主张思想自由。

所谓有些条件，是指人、时和地而言的。例如人有知识的不同，有职业的不同，有年龄的不同。同样一件事情，对于有专门知识的人，不妨让他有自由发表意见的机会，对于门外汉，却应当多少加以限制。像国术、国医之类，如果真是体育“学”家（只是体育家不行！）医学上的专门学者，提倡也好，反对也好，有条件地有所去取也好，我们都应该让他们自由。否则打拳卖艺者流，江湖术士之类，也来乱插嘴，则事情未有不糟者，我们对于教育，对于经济，对于国防，对于交通，对于生产……也可作如是观。中国到现在为止，一般社会还没有养成尊重专家意见的习惯，就是“专家”们也没有时时刻刻守住自己的岗位而去发言。二者实互为因果。我不否认有所谓通才，我也不贬抑他们的价值；但是中国末流的“通才”太多了，样样通，而实际上则是样样都外行。这些外行人的思想，何必让它自由？

职业不同也是一个限制自由的条件。法院里对于一个案件，须彻头彻尾地明了案情，这是就职业说应当如此的。不属于这种职业的人，就不必让他在这方面自由。所以法院里常有禁止旁听的时候。年龄也是一个重要条件，例如有许多话不能在儿童的面前讲。总之，思想自由，是应该因人而不同的。一个医生可以解剖人体，一个审判官可以知道一件有伤风化的案件的始末，同样，一个哲学家对任何派的思想应该有研究的自由。一个经济学家对任何派的经济学说也应该有研究的自由。人在幼稚的时期，可塑性是很大的，容易“先入为主”，所以对他们的精神食粮应该加以甄别和限制，但到了他们成熟的时候，就不妨让他们自己去甄别，用不着处处加以限制了。不会走路的小孩，四川人往往把他绑在母亲的背后，然而这是恐怕他跌倒，并不是虐待；等到他会走路了以后，自然就不再绑他了，因为这时如果再绑他，就要妨碍他的发育。

另一方面，是时间的因素。平时与战时不同，国家大计在检讨时和实行时又不同。在战时，以争取胜利为第一原则，所以凡不利于这方面的思想或言论应一律在禁止之列。在国家大计的实行时，以效率为第一原则，所以凡有碍于这方面的思想或言论，也应当限制其传布。中国人过去的习惯，在事先往往以不发表意见为谦虚含蓄，在事后却又以冷嘲热讽为能事。王安石新法之行不通，其原因虽多，然而这却是一个重大原因，我们主张应当把这个习惯颠倒过来，在一件事情没有实行之先，请你尽量指教，尽量批评，及一旦付诸施行之后，你就应当予以充分的同情和赞助，不可以在背后说长论短，阻碍事情的进行。

时间之外，又有空间的因素。十字街头决不是法院，闹市决不是诊病所。空间的不同，言论自由的限度也不同。鲁昭公娶于同姓的吴，本不合礼，但是孔子答复陈司败的询问时，仍称昭公为知礼。直到陈司败和别人谈起孔子的偏袒时，孔子仍不声辩，却只轻轻地说："丘也幸，苟有过，人必知之。"孔子虽然自称为"过"，然而我们相信决不是由于孔子的疏忽，而是有意的如《春秋》之"为尊者讳，为亲者讳，为贤者讳"的实践。说话的地点不同，思想或言论的自由程度，就不能不有出入；因此，我们坚决反对留学生在国外帮着外人挖苦中国，盖地点不同，自由必须加以种种限制，例如戏剧的演员，一出台，则演员间的批评即不能自由，尽管在后台大家可以彼此尽量改正。总之，自由是应该有地的限制的。

因为有人、时、地的不同，绝对的思想自由是不可能的，但是在原则上，思想自由不妨作为人类社会的一种最高理想。绝对的方或圆，是不可能的，但实质的方或圆仍不妨以此为理想。人类社会的进化，本就是为理性争自由的一条大道！

不过现实的事物往往是与理想相距很远的；在中国今日思想上绝对的自由，不唯不可能，也不应当，因为在未争取得民族的自由以前，究竟有什么个人的思想自由配讲呢？

可是在另一方面，思想的统制也不是绝对的，因为"人心不同，各如其面"，就其同者而观之，固有不少同点，但就其不同者而观之，实在也无法一致。既无法一致，则不能无争，这是很自然的事。关于思想之争，我有下列几个简单的意见：

第一，《庄子》上有一段话："子桑户，孟子反，子琴张三人相与友。而子桑户死，孔子闻之，使子贡往侍事焉，或编曲，或鼓琴，相和而歌。曰：嗟来桑户乎，而已反其真，而我犹为人猗。子贡趋而进曰：敢问临户而歌，礼乎？二人相视而笑，曰：是恶知礼意！子贡反，以告孔子曰：彼何人者邪？修行无有，而外其形骸，临户而歌，颜色不变，无以命之。彼何人者邪？孔子曰：彼游方之外者也，而丘游方之内者也。"这是一个很难得的胸襟：对反对者的立场在某一限度内加以宽容，而此宽容是以了解为前提，即不仅要了解自己的立场，而且还要了解别人的立场。

第二，因思想不同而引起辩难，有时也是必要的。孟子说："道不直则不见，我且直之。"但是思想之争是要以思想为工具，例如我主张性善，张三主张性恶，彼此都有自由，但是我不能用不正当的手段强迫张三，也主张性善。运动场上尚且有运动员的比赛道德，难道思想的竞争反而没有"其争也君子"的风度么？

第三，对于一般人，我坚决主张尊重专家的意见，使专家多发挥一些权威。社会上的人士应该知道管外行的事，说外行的话乃是一件可耻的行为。这里所谓外行与内行，是与地位无关的。社会上往往把一个有地位的人捧作万能，久而久之，这个有地位的人也忘了自己的短长和地位，于是成为专家了，于是真正专家的意见反不被重视。不重视专家，国家是没法现代化的。不现代化就不配在国际竞争场中生存！

第四，就政府一方面讲，任何政府为树立权威往往干涉思想，这也是自然的。柏拉图的《理想国》亦即以统制思想为主旨。因为从国家的立场上看，思想若完全放任，就难免有动摇国本，或者妨碍胜利的事出现。但是统制不得其道，也不免“防民之口，甚于防川”。那么，如何是好呢？据我看，调和之道有二：一是开诚布公，大众虽然一时感觉不便，终必谅解，郑人对于子产便是一个好例。二是取其大同，略其小异。关于人的思想既不能完全相同，所以不妨在小地方使人们自由，而在大地方加以限制。思想的小小的不同，应该让它有一个宣泄的尾闾。英国人的思想在常时可谓自由，然而实际上他们所受的限制很多；所以英国能收思想自由之利而不蒙其害。所以统制思想是应当从大处着眼的，得到大同，则小异自不成问题。

普通一般人总以为统制思想的只有政府，殊不知真正有权威的统制者乃是社会。我们一切思想行为，都不能逃出社会已成的规范之外，政府的力量在这一方面实在是微乎其微。例如中国过去的女人缠小脚，政府从来没有强迫过人民，然而一旦成为社会的习俗以后，若干年来再没有人敢冒大不韪出来作直言敢谏之士！中国的社会，在过去实在太惰性了，凡一种思想风靡了以后，就无人敢加以非议。所以只有在社会的惰性去掉以后，中国才有思想自由可言！这就需要争取才行！

三十年三月十六日

十二、思想建设（上）：论思想上的错误

（一）

思想上的错误，是一个多方面的问题。至少，其中包括：语言的问题，逻辑的问题，心理的问题。所以，讲到语言，便有晦涩（ambiguity）的问题；讲到逻辑，便有谬妄（fallacy）的问题；讲到心理，便有过失（error）的问题。当然，这三方面的学者，都各有其立脚点，都各有其解释。但是现在我所要说明的，却并不是这三方面中的任何一个观点，反之，仍是想从思想本身上找出思想错误的一个共同的根由。

什么是思想上的错误之共同的根由呢？我认为是由于思想作用之要求"经济化"。详言之，就是人们想

在思想作用里，运用最少的力量，以得到最大的效果；通俗言之，就是人们思想上之“懒”。——“懒”自然包括“贪”！

我认为我这个看法，可以包括语言的、逻辑的、心理的，三方面之各一部分的解释，并且是大部分的。

因为，语言吧，这根本是人类思想上求经济的一个手段。语言有抽象性，也就是有共相性，你看，每一个名词、动词、介词，都不知道包括了多少特殊的事物动作和关系，同时，语言有固定性的同一个名词，而实际上已不知道代表了多少富有变化和进化繁复的事物。用亚里斯多德的话讲：“名字是有限的，所以只是一些表示总数的公式而已，事物却是在数量上无限的”，因此，由语言来表示事物，便总有不能详尽确切的遗憾。这种现象发生，也就是晦涩。有的人只知道把思想的错误，归之于语言的晦涩，却没想到，语言的本身在先天上即有晦涩性；更没想到这正是思想要求经济的结果。

其次，在逻辑上所谓谬妄，如果严格言之，只包括：（一）三段论法中大名词或小名词之泛滥，（二）中名词之不周衍，（三）肯定后承，（四）否定前设,（五）不完全之选言推理,（六）应用于命题本身之命题，所谓 a vicious-circle fallacy，六者而已（见 Eaton, *General Logic, pp.* 335—338）。这六者都由于没注意逻辑形式之故。为什么没注意逻辑形式呢？不过因为想要急于得结果，不暇细想：也就是思想上的懒而已！

至于在心理学上而特别注意过失者，这是变态心理学家所有事。他们认为凡是笔误、口误、读误、记忆误都是有原故的，其原故即由于所谓压抑的愿望。例如有一个男子写给他已经结了婚的女友的信，有这样的话："我希望你很好，而且很不快乐。"照一部分的心理学家解释起来，就是因为这写信的人不愿意那位女友和另一个人过得很快乐了。但是，却也另有心理学家认为这只是："我希望你很好而且快乐，虽然我很不快乐"的缩写。倘若采取后一说，不正见那男子所以致误的原因，乃是由于思想要求经济么？而且，即使广泛地说起来，承认过失由于压抑的愿望，但这也只是因为压抑的愿望和当前的愿望同时并存，而在表现上却欲（虽然是不意识地）一齐和盘道出之故，可见也已经过了一种思想经济化的作用了。

再就日常生活看，我们有时走错一个门牌，闯入不是我们要进去的一家（在大多数人住在一所整齐的建筑中尤其常常发生），但这种错误发生在越过的时候非常少，往往却是还没到就以为到了的时候多。这种走近路的倾向，倘若发现在思想上，就会造成思想的错误。我认为这乃是思想错误之最根本的、最重要的原因，即使不是唯一的。

（二）

试从上面这种观点，来看一切思想的错误。为方便起见，分五类说明：

第一，在思想的出发上，人们往往从最近的立脚点出发，并误以为出发点即事情的真相。

说到思想，当然是有一个思想者了，于是有一种错误的思想，乃是即以思想者的思想状态，派作被思想的东西的状态。柏拉图在克勒提拉斯（Cratylus）对话篇中，借苏格拉底的口吻，说："我相信那些起头儿命名的人，无疑地很像我们现代许多哲学家，当他们研究事物的性质的时候，因为忙得头晕眼花了，便以为世界也在各方面旋转运动起来，但是这种误会却只是发生于他们内部的状态而已，却竟误以为自然界的真相就是如此了，在他们看，世界上竟没有静止或永久的东西，一切都在流转与运动，世界实在是时时有着各式各样的变迁。”罗素批评巴克莱的错，错在于认知之物与认知之动作间的混淆，都可以说是很好的例子。为什么发生这种错误呢？就因为思想者的思想状态和思想者的距离是最近的。思想要走近路，要经济化，所以陷入这个错误。

在达尔文以前的“人类中心说”亦然。从人类想，当然人类最近。

在哥白尼以前的“地球中心说”亦然。以为太阳围绕地球转，只因为我们住的是地球，马上一想就是地球的缘故而已。

其他只从自己所从事的某一种学术或事业而下的看法，以为事情只有这一方面者亦然。科学与人生观的论战是如此，形式逻辑与辩证法的论争如此。实则自然科学和精神科学的对象并无二致，不过注重的方面（aspects）不同；形式逻辑是就事情之静态，不变的方面看，辩证法是就事情之动态，变的方面看，二者也没有冲突。又如讲艺术的人，因为艺术品之无时间性，遂推论各种物质文明也没有时间性；或者反之，只看见物质文明有时间性，遂推论艺术品也有时间性。其实，荷马与屈原诚然万古常新了，可是菜油灯终于不能不让给电灯、煤气灯。再如从事宣传的人以为一切文艺都是宣传，专看见武器的人以为艺术都是武器，办党的人又以为哲学不过是代表不同的阶级利益的党争，说破都只是因为思想走了最近的路径。

第二，在思想的对象上，人们往往要立刻得到最后的鹄的，并误以中途所得者即已经是这种鹄的。

例如我们往往要找出事情的最后原因，但是即所谓最后原因，是必须经过无数研究、无数分析才得到的，这是和人类思想要求经济化的原则相违反的，所以人们往往把没经过确实考量的情状即硬派作是原因。最常见的，就是以事情在成立上必须的“条件”而误以为原因。柏拉图斐都（Phaedo）对话篇中之苏格拉底说：“……凡此皆并原因与条件为一谈，实属不合。倘有人谓吾无筋骨及身体各部，则吾必不能行吾所志，此言是也。然若谓吾行是所行，乃筋骨使然，谓吾心虽有辨别而并不择至当者以行，则不思之谰言耳。”（从张东荪译）大而言之，这是一般的唯物史观的错；小而言之，这是在讨论天才问题时所常发生的错（像根据天才不能离开常人而可生活，遂推论天才的作品只是社会的产物等论调）。

类似的错误，有以事情的前一段进展过程与较后的进步状况不分，而遂以前者为后者。根据儿童心理学而推断成人，根据生理心理学而推断较高较复杂的精神作用，根据原始的民族生活而推断文明的社会现象，根据物质的机械的原理而推断生物的高等机能，这都是把很远的路程上的目的物，却用最急的手段而探取了。这正如听到进化论的人，就问：为什么现在的猿猴不能变人？他忘了人和猿猴之间，还有许多许多的 missing link!

类似的错误，有以一事情之影响作为事情之本身者。在下价值判断时，尤其往往如此。现在人对于孔子所加的许多不公平的考语，就多半是的。甚而不止一事之影响派作一事之本身，即一事所被动附加之物，亦以为一事之本身。比方说孔子被历代帝王利用了，所以他也没有价值了。却不知道这利用的责任是在历代帝王，还是在孔子？强盗用火烧房子，火可以说被强盗利用了，难道也是火的过错吗？事情的本身是我们在最后所要得知的，因为思想上要走近路，所以没到事情本身，就以他物代之了。哲学上之怀疑主义者，以感觉张本（sense data）不可靠，遂否认实物（physical object）的存在，又或以现象代本体，都是这类的错。

第三，在思想的步骤上，人们往往在无意中采取了紧缩的政策，逻辑上所谓谬妄大部分属于这一类。

像不周密，三段论法中所谓大名词或小名词之泛滥，中名词之不周衍是。又像否定前设，或肯定后承也是。即如根据春秋时用车战，战国时始有骑战，而《九歌》中的《国殇》是讲车战的，遂推论此作不能成于战国开始之年（前四〇三年）之后，其实这根据只是必需条件，并不是充分条件，一时代所无的，一时代固不能写出，但一时代所有的，却并不一定必被写出（用车战之说考《九歌》时代者见陆侃如《中国诗史》卷上，页一九六所论）。同样的，有根据屈原没有引用女娲补天的神话，而推论这个神话不流行于中国中部（见玄珠《中国神话 ABC》，页一七），实则没有引，并不一定没有流行。更如说："娱乐活动既为民族自由的表现，所以娱乐愈发达，民族的自由亦愈高"（汪少伦《民族哲学大纲》，页一〇九），也叫人碍难承认。

其次是不分析，如应用于命题本身之命题可为一例，反对辩证法的人每好说："既然一切是变的，那么辩证法的本身难道不是变的吗？既然也是变的，可见这个方法靠不住了"！实则可依罗素所主张的层次说（the theory of logical types），一命题并不应用于一命题本身，就解决了。又如不完全之选言命题，像今日之讨论通俗文艺者，在赞成者自不免有人以为有了通俗文艺就不要其他文艺，在反对者也不免有人以为有了通俗文艺岂不是抹杀了其他文艺？其实何尝如是，二者并不是像"既生瑜，何生亮"一样，绝对互不相容的。不分析的例子还有，因为社会主义者并不静待社会的自然推进，却必须参加社会运动，遂推论："由这矛盾事实，可见历史科学与自然科学是大不同的"（朱谦之《历史哲学大纲》，页十七），其实社会学并不是社会主义者，矛盾何来？又有："历史是一种科学，叙述人类在知识线上的进化现象，使我们明白自己同人类的现在及将来的"（同书，页四一），难道自己不在人类之中么？他如误认因果（Non Causa Pro Causa），这是在假设一原因时就假设错了；不顾情势（fallacy of accident），这是以偶然的关系派作永久的关系；妄加综合与分解，这是没注意原来的用词是指部分抑指全体，都属之。

另有，是在思路上明显的减缩或滑过，最著的如丐词（petitio principii）以结论为证明，未解决而以为解决；如复问（many questions），把好几重的问题并而为一。再则是，在一串的论断中自加强调，往往先说的话不过是或然性的，但是说着说着自己硬把它变为必然性了，例如："……然而究竟好奇之士太多，缙绅先生们欲一一加历史的解释亦能力所不及，所以一切古代史的人物，从黄帝以至禹，每人都有些不雅训的神话相附着，而因此使我们有理由可以断言禹以前的历史简直就是历史化了的古代神话"（玄珠《中国神话 ABC》，页七四），既然说一一加历史的解释为能力所不及了，何以后来又说"一切"古代史的人物，可以"断言"都历史化了？从或然到必然，在现在政治性的宣传品中尤其数见不鲜，一翻开，总是："必然的"，"无疑的"，"绝对的"，"命运决定了的"……无以名之，名之曰：思路的滑过（有意或无意）。

第四，在思想的表现上，人们往往把表现的内容和表现的工具误而为一，以后者误为前者的时候尤其多。

所谓表现工具就是文字语言，表现内容就是意义，因为在思想上求经济、求省事的结果，乃以文字语言即认为是意义。我们在开头即说过，意义和语言文字常不符合，因此错误便发生了，所谓歧义的错误是这样来的，即如性善性恶的论争，科学与人生观的论争，此方所说的性是彼方所说的性否？此方所说的科学是彼方所说的科学否？“名字是有限的，事物是无限的”，又不能不让我们深深体会亚里斯多德这句名言了。

然而我们因此时常受比喻的骗了，“性犹水也，决诸东方则东流，决诸西方则西流”，“水信无分于东西，独无分上下乎？”告子和孟子已经是受比喻的骗很早的人。朱熹说：“宣帝杂王霸，元不识王霸，只是以宽慈唤作王，严酷唤作霸”，其实这何能独怪元帝，因本来用王霸作形容的人，已经种下容易误解的诱因了。

我们又时常受译语的骗。在原先采取译语的人也许是偶然的，但后来用的人就以为是确切的了。例如一说古典，就有人以为是不合时代、蛛丝尘封的老东西，其实这是受了“古”字的骗；一说浪漫，就有人以为是酗酒妇人，不修边幅，乱七八糟，其实真浪漫精神何尝如此？这是受了“浪”字的骗；一说唯心，就以为“山河大地，皆由心造”的光景，但是在西洋所谓 idealism，原有理想主义、观念主义、心性主义三义，即在唯心主义中，像中国一部分人所想象的那样绝对的唯心论者实在是极少数，原因呢，受了“唯”字的骗；一说玄学，又有人以为很玄，实则原文只有在物理学之后之意，就内容讲，也只是根本原则之学之意，何尝玄？可是在中国反倒拿“玄学的脑筋”作为骂人的一句话。——受骗真太利害了！

我们有时竟无中生有，例如经王国维指出的性、理：“其初固亦自实物抽象而得，殆用之既久，遂忘其所自出，而视为表特别之一物”（见《静庵文集·释理》）。

言语、理论、实践，原是三事。但有人据言语为理论，上面所说受比喻译语的骗皆是；又有人以理论即实践，如黑格尔。反之，却又有人以理论强语言，如文法家，也有人以实践派作是理论，如马克思称：“人类思想是否能够认识客观真理的问题，并不是一个理论上的问题，乃是实践问题。”（见其费尔巴哈论，此说为列宁所取）这些统统是不清和混淆，故附及之。其不清与混淆，由于人之思想要求经济。然而欲速则不达！

第五，在思想的反应上，人们往往采取最直接的反应一途，然而没注意事情的真正关键另有所在。

苏格拉底遭了人的攻击，他曾自述他之被攻击的根由即在他常向人穷究人们的无知，人们便因此激怒了，但却并不怨自己的无知而怨苏格拉底（见《柏拉图对话集》自辩篇 Apology）。有时候创作家而讨厌批评家，也是如此。更如创作家每以个人创作时所下的辛苦的大小认为即其作品客观价值上之高下，这也只因为他所下的辛苦乃是他所最直接感到的缘故。

普通人的立论，看多数，看潮流，看权威，诉之于情感，诉之于成语，都是。其中或者是自己在思想上的反应是最直接的，或者是利用听者在思想上的反应是最直接的。可是真理同样被滑过去。

所谓杂感家，就是往往采取这种方式的。或者变更论点，或者假托论旨，无非利用读者在思想上的反应是走直接的路径之故。

以为有鬼，以为有灵魂，也只因为这种反应最直接，最便当而已。假若想象人死后有一个不同的世界，这是很繁难的，所以不如采了老路——最简单的路，以为人死后和现世差不多。

（三）

我们总起来看，人类思想的错误，或则因为想得简单，没去深想，或则因为想得糊涂，思路是跳的，而不是走的。一个总原因就是思想之要求经济：懒！

思想错误最容易发生的时候，是一个在政治上、思想上有变动的时候。因为这时候思想头绪多，表现工具不足以适应，同时人们有顾忌，口是心非的话常容易出现；大家又无暇思索，于是浅薄的似是而非之见乃常常耀武扬威，这时候便利了思想的懒，也宽容了思想的懒。

柏拉图在普劳特格拉斯对话篇（Protagoras）中，借苏格拉底说，买一种知识的危险是远过于买酒和肴的，因为后者在获得的时候还可以拿给有经验的朋友看一看，但是前者一得到就是吞下了，连找一个另为置放的地方都没有，连约人细细的审量的余裕都没有！说到这里，我们就不能不为正在吸收着本国现在所流行的错误的思想的国民担心了，所以我不能不要求介绍西洋文化者介绍就彻底才好，制造名词者制造就正确慎审才好，不为别的，只为国民精神上的健康！

菲希特在《告德意志民族书》中说，处在那样的国难，要有思索难问题的勇气！是的！我们现在战时人人的热血是在沸腾着，但我们似乎更应当尽可能地避免思想上的错误——懒！

二十八年一月十九日

十三、思想建设（中）：大时代中学者应有之反应

冯友兰先生在他的《新理学》一书的自序里，有两句话是："怀昔贤之高风，对当世之巨变。"现在的确是巨变，不唯是中国的巨变，而且是世界巨变。往常一般人常说大时代，那还不过是一句空话，现在不然了，这时代的确太大了，大时代之"大"几乎已经不足以形容。

太高太远的论调，我们暂且搁起。只就中国说，而且只就知识分子说，对于这个大时代，至少应该有下面几个反应：

第一，过去因为屈辱于帝国主义的侵凌太久之故，

我们在一切方面竖不起脊梁来。我们不但不敢批评别人，而且惮于认识自己。现在应该省悟一下了；还我们原来的味觉，还我们原来的判断，还我们原来的理性。好的就该说好，坏的就该说坏。洋大人也尽有荒谬的，不必因其为洋大人而讳言其谬。我们自己也有可取的，不必因其产自本土而加以鄙夷。在前清时代，常常引子曰，子曰就是一切。民国以还，常常引欧洲人如何，欧洲人就是一切。也有人专门引“呀呀夫斯基”（老舍《猫城记》中语），仿佛呀呀夫斯基说过，还能有错吗？这其中虽有古今左右之殊，但其为奴性则一。对就是对，错就是错，何必管任何权威？这点理性的自觉应该有，然后学术的独立始有可言，民族的精神始可以不向任何人屈膝。滥信留学生的时代应该过去了，无抉择地迷信外国权威的时代应该过去了，妄自尊大和妄自菲薄的时代更应该过去了，忠实的求真，不客气的批评，深入的认识和理解，应该是学者的新作风。

第二，凡是一个民族的武功可以称道的时代，一个民族在学术上的气魄也应该有些可观。和亚历山大的征服世界的雄心相伴，有亚里斯多德在学术上囊括一切的大企图，和汉武帝的雄才大略相伴，有司马迁的“通古今之变，究天人之际，成一家之言”(《史记》自序)的浩瀚巨作。这都是同一精神的表现。现在我们的国军已经抗拒顽敌有五年了，而且最近在国外已经善尽职守了，他们总算给国家争了许多面子。难道知识分子不也可以立点大志么？琐屑的考据应该唾弃了，吟风弄月的闲情应该杜绝了，只是纂辑而不是著述的工作应该不须沾沾自喜了，气魄需要再大些，深邃的哲学应该钻研，各种文化的核心应该把握，较大的学术系统应该建立，抱残守缺的冬烘头脑固然要不得，务趋时髦的小摆设也不必留恋了！

第三，在中国过去，一般的学者有一长处，这就是在专之外，并且通。不唯王安石有治世之才，就是玄奘、韩愈、朱熹也都是满腹经纶的。唐太宗曾经坚欲玄奘还俗，请他做宰相：他原来不只是一个勤快而忠实的翻译家！李太白也常有“为苍生而一起”的宏愿，他原来不肯屈作一个诗人！就是才子派的徐文长，也仍然知兵，曾规划了许多战功。中国过去的人文教育，的确有可称道处。其最大的特色就是造就全才。顾炎武也会画，欧阳修也会词。他们不偏枯，不呆滞。

他们更不只见树而不见林。这种优长，应该善为保持。李四光先生曾说德国国社党之所以横行，就是因为他们学者太专了，缺少过问政治的能力，我们应该引以为戒。

总之，大时代里的学者也应该大，不要安于小。

三十一年四月二十五日

十四、思想建设（下）：论大学教育之精神

大学教育的精神是什么？大学二字的本身已经给了解答。这就是："大"和"学"。

大是指眼光大，胸襟大，目标大，风度大，体魄和智慧大。眼光大就是看得远，所以像那些仅仅看到个人的出路，以为进了银行就高于一切的人，不配做大学生！胸襟大就是能容得下，所以像那些斤斤于一派一系的堡垒，对于不同的思想也不能虚心研讨的人，不配做大学生！目标大就是担得住大责任。我常觉得中国大学生的数目既是这样少，非"得天独厚"的人决进不了大学，国家为大学生耗费那么些钱，代价应该

多么高贵才值得！具体地说，大学生的成就应该是国家栋梁之材，更说得具体一点，就要像从前所谓宰相之才样的人；只要有机会，就可以担当国家大事，这才不愧是大学生。风度则是一个人的威仪，雍容通达是大学生的风度，局促偏执便愧对大学教育了。整饬当然要紧，但不要好莱坞明星化！风度之大，其来源是体魄与智慧。所以，体魄和智慧也要大。体魄是健朗的精神之“物质基础”，如果弱不禁风，势必要颓靡不振的。智慧大是指把精神用在大问题上，不怕走得深，不怕走得细，不怕走得奇，世界上小聪明的人太多了，但是那些计计较较的人情利害，不是我们希望于大学生的。一个人的精力有限，凡是在人情利害上精通的人，难望有大智慧。大学生应该有所取舍，有所培养。

至于说到学，顾名思义，大学生应该以学为第一位，参加教育的人应该如此，受教育的人也应该如此。我们照实而且痛心地说，战时的大学，有时不免和这个理想有出入了。所以我们实在有强调的必要，大学必须恢复其以学为第一位的机构！我们希望现代的青年，不要满脑子在求出路，甚而要打算卖身投靠。学！学是第一。中国在知识各方面，还处于一个需要急起直追的时代，我们实在不忍得把中国的进步再往后拖延了！为中国民族的命脉计，大学生应该负一点应作的责任。我们所谓学，就是科学。科学当然不只指自然科学。科学之首要，不在对象而在精神。科学的精神是：客观、体系、思辨、精确。所以固执己见，先入为主不是科学；片言只字，点点滴滴，不是科学；当下即悟，单求结论，不是科学；捕风捉影，模里模糊，不是科学。科学是进步的，决不能开倒车。科学是追求的，决不能固步自封。先民之伟大的思想创造，当然值得发扬，但我们不是盲目崇拜，而且发扬需有发扬的方法，这方法是唯有科学的方法（就是需客观，需体系，需思辨，需精确！）可以当之。否则牵入死人的坟墓，这不是发扬古人，却是葬送今人了！在科学里，我们一切将得其平，无所谓古今，无所谓中外，无所谓人我，无所谓心物，无所谓左右。我们争的只是“是非”！是非也不是笼统的，乃是一事之中有是有非，我们却应一律采长舍短！

大学教育的表现，不限于形式的教室里，但大学教育的精神，我总相信在“大”与“学”！

三十二年五月

十五、新世界新文化新中国

（一）

暴力是可痛恨的，摧毁文明的暴力尤其可痛恨。十二年（从一九三一年九月十八日起）的恶梦，几乎让人怀疑重又步入中世纪。然而毕竟没有！现在黑夜已将消退，我们看见了熹微的晨光。

世界上爱好理性，爱好自由，爱好民主，爱好健朗的人，可以重建起自信了！善终于胜了恶，光终于胜了暗。

（二）

旧时代之残渣去掉吧！人类生存的权利是平等的，

哪里有一个民族应该为主，其他民族应该为奴？

人类最可宝贵的还是文化的创造，还是自然的征服，还是天才的养护，还是人类自身的尊严之维持。为什么对文化加以摧毁？为什么不去征服自然而征服人？为什么对天才驱逐、压迫？为什么奴役别人或甘受别人奴役？这是悲剧，也是笨拙。

开辟了的天空，应该为人类友爱的交流之方便，不该动辄以几千架飞机，专门载着炸弹去屠杀。海洋和大陆，怎样不可欣取？为什么布水雷，走坦克？光亮是可珍惜的，何必因为防空而管制灯火？在国际上的暴徒行将敛迹以后，人类将可以重又恢复到彼此以“人”相见，享受自己的文明了！

侵略性的战争就生物学的见地看来，本是一种“反选择”。精壮的去牺牲了，老弱残疾的剩下了。前者不得传种，后者得以留后。这样一来，人类的素质自然会坏下去！这是多大的损失！近代的战争，因为武器的进步，能冲锋陷阵的，已非单单体强所可济事，在欧陆前线为侵略战而牺牲的机械化部队，哪个不是在有强健的体魄之外，还有灵敏的头脑、繁复的技能、长期间的科学训练？——可怜那些活泼泼的优秀青年却做了侵略的工具而葬身在血光之中了！战争愈进步，“反选择”的作用将愈大。人类何苦来？但愿这次的战争促成人类真正的觉悟，侵略者再不要恶作剧了！

德国人讲你们的康德有多么好？谈你们的歌德有多么好？弹奏你们的贝多芬，展览你们的杜勒（Durer），讲演你们的相对论，有多么好？何必弃掉清醒，沉入疯狂？

日本人有你们的精致，有你们的勤快，有你们的虚心，也有你们的壮志，然而为什么必须走入横暴，各处劫掠屠杀？

意大利的歌剧是有名的，数学是出色的，语言及美学的研究是有源远而流长的传统的，可是为什么也跟着染了双手血腥？

不值得，都太不值得！已往的恶梦让它结束，未来的恶梦让它净除。人类的文明是伟大的，缔造艰辛的，任何力量本不会摧毁，可是除了人类自己。从今后，应该真正加以珍惜了！

（三）

最大的流血，不是没有最大的代价！这其中之一就是人类间的距离已因此次战争而缩短。

世界上任何角落的一举一动，都牵动着大局。我们由这次大战，是深切体会了！

人类的同情心，在这次大战中表现得多么普泛：医药的接济，灾民的救助，世界像是一家！人类的要求彼此理解，也表现得多么急切，三番五次的英美人士，来观光中国，或礼赞我们的文明！人类合作的机构，也越由空想而近于实际了，由过去空洞的“国联”，将改进为更有力的组合！

在不久的将来，我相信文化的交流必更繁密。西方的文明——科学与民主，更为我们所欣取；我们的文明——和平大同理想，也将洋溢于欧洲各国！

窘迫和困顿的这一幕过去了，我们将重新对于那些被解放了的优秀民族致敬；我们将从容地欣赏德国人精密的科学、幽妙的玄想、深厚的文艺，和高度的工业。日本人之爱美，守秩序，好吸收，我们也将同样予以衷心里的赞扬。——不必要的仇恨是一种愚蠢，我们本也不仇恨那些被暴徒所劫持的群众！

由于上次大战的教训，有世界眼光的政治家对过去的敌人大概不会处置得太苛了。同时，由于这次大战的经验，当知纵容和绥靖会招致更大的祸患。随时制裁，可以灭星星之火；对一个角落的受难而袖手旁观，不唯有背道义，而且不智。有了这些觉悟，世界的和平，或可真正维持些时，甚而不会有更大的战争了。

（四）

我不相信将来有任何一国可以统一世界。只是万一仍有人抱这种迷梦却只有增加人类的痛苦。假若任何角落有这种思想的端绪，应该及早扑灭祸菌。

我承认社会制度的作用，但我也承认思想的力量。觉得自己优越，别人应该服役的思想，是绝对病态的。在过去，有许多优秀的天才因为在被损害被歪曲了的情况之中而发这种呓语，像尼采似的，我们只有惋惜。但那主张是不正常的，我们可原谅而不助长。

国际之间，应该像国内各公民之间一样，要有平等，也就是民主，人类才有幸福可言。

（五）

思想的斗争，在今后，将也不免。但这是无碍的，人类的进步，原是由此。“道不直，则不见”！

我们所反对的，只是思想的斗争而不公开，甚而采取了思想以外的力量以屈服对手。秦始皇，希特勒，都是这样的。这就是人类的公敌！

为理性争自由，这就是人类历史之光明面的重心。这是这次大战的过程的意义。

我们应该继续为理性争自由！

（六）

这次大战后，凡是文化工作者，尤其是科学专家，应该有一个新觉悟了。这就是：再不要把自己的心血为侵略者作亵渎的浪费了！

“知识就是力量”，你们为什么不凭自己的良知，把力量归到自己？科学是万能的，一旦世界的科学家有了泛人类的团结，把真理武装起来，集中力量制裁残暴，这才是人类真正的文明。

科学家应该自尊，并应该意识到有那种力量！

（七）

在新世界的建造中，我们中国的地位无疑是提高了，只是不要辜负这种提高！提高是应当的，因为过去没获得应有的地位。但也就以获得应有的地位——与任何民族平等——为止。我们不想侵略！

中国的文化传统真是可珍贵的。我们从很早就有一种泛人类的大同理想。“老吾老，以及人之老，幼吾幼，以及人之幼”，“四海之内，皆兄弟也”，“天地之塞吾其体，天地之帅吾其性，民吾同胞，物吾与也。凡天下疲癃残疾孤独鳏寡，皆吾兄弟之颠连而无告者也。”多博大，多温暖，这代表一切人类先知先觉的慈心和热肠！

反侵略，反暴力，追求和平与安宁，尤其是中国文化的精华。摩顶放踵的墨子不必说，就是攻击墨子的孟轲也何尝不是痛恶战争？陶潜说：“仁者有时默，岂不在伐国？”李白说：“乃知兵者是凶器，圣人不得已而用之。”爱好和平，就是我们的天性。不过我们却也并不是软弱，这次不计成败地坚抗到底固是证据。而我们的精神表现于艺术中者，如玉，如瓷，如书法，如绘画，如文章，哪里不是高贵而且有力？和平，但并不软。这是我们的真精神！

唯其我们有这种精神，我们可以在新世界的建造中有所贡献。也唯其我们有这种精神，我们不该轻易削弱它或冲淡它。有些眩于时髦的人，或者激于一偏的人，以为我们也应学希特勒那样吹胡瞪眼，擦掌露拳，实在大可不必，而且也可惜我们自己那份精神遗产！

（八）

民主也自来是我们传统的思想。

“万物并育而不相害，道并行而不相悖”，这是我们先民的胸襟。

中国民族是一个最能吸收并包容的民族。所以，佛教思想可以发达于中国，许多异族可以被我们所同化。假若有所谓世界公民的话，中国人真足以当之。

我们该发挥我们的包容性。何必那样狭小，排斥这个，排斥那个？《庄子》上有游方之内和游方之外的话，那是最好的一种态度，这就是，承认别人的立场。包容必须包括理解。

胜利既然在望，我们好的传统之更加发挥也一定在望。国际政治的压迫一旦解除了，我们文化上的解放也应该到来。一切奴性脱掉，文化上也应该竖起脊梁。——首要的表现就是民主和包容！

（九）

世界上的残渣，将因战争的胜利而清除。国内的残渣，大概也会因为胜利而消失。这就是——

一般人在现在不注意下一代。对婚姻没有责任感，对子女没有教养的兴趣。小学教师少有以职业为乐趣者；市巷弃婴者屡见不鲜。主持高等教育者不知培养青年的正义感，大学者也顾不到奖掖后进。此其一。

“是非只因强出头”的怕事心理还深中于人心，油滑的“道德经”的世故还支配着人情社会。此其二。

有些地方不够现代化。现代化首在有组织。然而各处挤、抢、耗时候。人也没用在该用的地方：有的人一能百能，有的人埋没不见。钱也常化得不当，有的事业分文没有，有的铺张过于无谓。此其三。

有的人太短浅而狭小。多少受了大学教育的人，只求进银行，摸钞票！此其四。

贪污和囤积，还未见绝迹。正当的职业收入不能公平、迅速，有些救济办法也还是琐碎而近于舞文弄墨，精神文化的工作者并没有物质生活的保障。此其五。

一部分的青年不能体谅国家的艰苦，只知道享乐，而且过度的自私，缺乏是非感，精神太不健朗。此其六。

……

这些就是大时代的残渣，我相信可以涤除，甚而会渐渐近于乌有。就时代之大而言，这些事太小了。所以我决不悲观，但也愿这些残渣清除得快些。

（十）

中国近百年来的思想，太偏于理智的了，末流而入于急功近利，投机取巧是无怪的。

胜利以后的文化运动，我相信可以变一副样子。那将是由清浅而变为深厚，由理智而兼有热情，由启蒙运动式而变为文艺复兴式。

过去因为国势的压迫，文化上也笼罩上了奴性。今后将为更自主，更民族，更近于自己的传统些。太卑是奴性的表现，太亢也是奴性的表现，骄和谄本是一事。今后的文化运动大概既脱离谄，也脱离骄。我们要的是正常，是健朗，是深厚！

（十一）

这次战争以后，世界上自由主义者的自信增强了，中国民族的自信也增强了。

我们希望人类的理性与尊严，自此得以继续伸张。人类的生活，将可以更快乐些吧。再不要驱逐或压迫天才了，让人类文明更多发挥一点权威，更多贡献一点成果吧。

就世界说，我现在愿意祝一切为理性，为民主，为自由而奋斗的人的健康。

就中国说，我愿意在战后作一个胜利巡礼，重温一温我们的锦绣山河！并在新世界、新文化中，看新中国！

三十一年十一月二十六日

（本文原刊《新中华》复刊号）

附 录

战争与时间观念

（一）

这次战争的结束，使我对于战争和文化的看法，又有一点小收获。让我恍然文化上的古代与近代之别只是时间观念的轻重之异，而战争者正是自始即在时间观念上争胜负的，所以战争更加速了现代文化之完成。这是结论，较详的阐明是在下面。

（二）

先说文化吧。近代文化的演进线索可以说是一个时间观念地位之抬高运动，或者升格运动。

不信，你看希腊的文化可以说是一个空间文化。

不唯她的雕刻是一空间艺术，就是那作为科学的基础的乃是几何学，几何学是量地术，量地术当然是重在空间的，而且，那作为思维的基础的乃是形式逻辑，那时的形式逻辑，也尤其表现了空间意识，而缺乏着时间观念（加入了时间观念的乃是近代的辩证法！）。熟悉希腊文化的大抵晓得希腊人之拘拘于空间，而且是狭小的空间。希腊悲剧讲三律，实际也仍是拘束于空间意识的另一表现而已。希腊文化号称古典文化，古典文化的特色是什么？还不是所谓节制，在有限之中而寄托其理想么？这也只有空间的观念作背景上才可以理解。

再看近代。那恰恰是一个对照。近代所发达的艺术如十九世纪的大陆音乐，这是时间艺术呵！晚近的绘画，如所谓印象派、未来派，也无不加入了时间观念，虽然绘画原来也是属于空间的造型艺术方面的。至于作为近代科学的基石的，又复不是几何学而是微积分了，微积分者也是把空间的数学观念一变而为时间的。思维的方法不必说，在形式逻辑之外是辩证法，辩证法讲正、反、合，那是以时间观念作骨子，就是在形式逻辑之内，现代像罗素、怀惕黑德一般人的形式逻辑，也很不同于亚里斯多德了，这也因为像近代的数学一样，讲函数，讲变，在函数和变之中，有着时间了。近代的文化，有人称之为浮士德精神的文化，或者称为浪漫文化，那核心的精神追求无限。无限是从哪里来的？也只有向时间观念里找得出。

这样说或者还嫌不具体，再拿几种思潮来证实吧。近代的大哲学家康德，以时间和空间为直观之两个形式，换句话说，就是了解现象界的一种间架。这已是把一向不为人注意的时间给抬高了，抬高到和空间同等的地位。但到了现在，时间的地位乃到了超乎空间以上的状态。爱因斯坦在物理上的大革命是什么？还是把时间观念加入三度空间而为四度空间么。现代物理学上的物质观念决不是硬邦邦的成块的东西了，物质不变的定律也推翻了，物质和能力的分野也不固定了——物质乃是有时而变为他样物质，并同时一部分物质会变成了能力了，这就是原子弹的根本原理，用来结束了这次战争的。这背后作为根柢的是什么？就是把时间观念加入了对物质的看法，时间观念之抬高运动之现阶段的最露骨的收获而已。

打开一部近代的文化史，可说都是向时间观念之抬高运动处走。达尔文的进化论，还不是一变林纳氏、库威埃等人之空间式的种属不变论而加入了时间观念，成为演化么？十九世纪的历史主义、历史哲学、各种历史观念还不是把时间观念考虑在人类活动之中么？又如近代的心理学而重视到儿童心理的发展，社会学而重视到初民生活的形成，也还不是由于以时间观念作为思索的路线么？所以，没有疑问，近代文化是时间观念的一个升格运动，而现阶段的战争乃是这个文化的一个支流表现。

（三）

然而战争和时间观念的密切，却又不自近代始。

战争的决赛本来即在把握时间上。行军要迅速，出击的时间要操诸己。这种基本原则不唯现代的大军事家在运用，就是古代的军事家也晓得追求。孙子的十三篇中，讲道、天、地、将、法，所谓天然就是时间。孙子是很看重时间的，例如他说："久则钝兵挫锐，攻城则力屈。久暴师则国用不足……故兵闻拙速，未睹巧之久也。夫兵久而国利者，未之有也……故兵贵胜不贵久。"因为在争取时间，所以往往把集中的力量，以压倒之势，而在短期间内让敌人屈服，这就是那“故善战人之势，如转圆石于千仞之山者势也”和“善攻者动于九天之上”的名言的精义。再如老子一部书中，不少兵家思想，那精华处也多半重在时间观念，例如：“动善时”、“以奇用兵”等，都和十三篇的要旨相吻合。至于“不敢为天下先”的一句话，假若不从把攻击时间操之在己去理解，那就毫无意义可言了。因为战争重在时间，所以战争在一般文化的动态上，这一点也非常显著。

时间的物质条件是交通工具。如果没有交通工具，还有什么时间观念（争个快！）可言？就像这次战争吧，在中国战时最发达的可说是交通了。关于这一点，也许最有人不以为然。但是大凡我们评论一件事，不能专从我们自身利害着想。如果就我们自身利害着想，也许交通是让人最头痛的事，但是撇开这点不说，我们试看中国在战时是不是发展了许多公路，延长了许多铁路，空运的规模是不是前所未有。驿运是不是战时新产生（至少是重新建设）的东西？至于一般人对于交通观念的进步，更不用说，老太婆小姐也敢坐飞机，那就是要快呀，这背后是什么？就是时间上的认识了。

战争另一方面影响社会的是效率。效率包括组织，那核心问题也是时间观念。在战争的期间，各机关添设了人事室了，那实际的效果如何不去管，但用意却是在增效率——那就是打算（至少是打算）在时间上做功夫。

战争影响人之重时间，又可在一种小事上看出来，虽然说出来不大雅。那就是像雪峰在《乡风与市风》一书里所指出的，人们在打牌时间也有了改变，只算一家而不算三家的小账了。这也是为快，为时间。

所以一切一切，战争使人看重了时间。自来凡有军事头脑的人无不重时间。张仪说楚的时候说："秦兵之攻楚也，危难在三月之内，而楚待诸侯之救在半岁之外"，这是从军事观点而云然。陶侃为什么惜分阴，也因为他是大将军呵！

战争是时间的竞赛，文化是时间抬高运动的结晶。所以，战争也可说是文化中之表现最具体者。武器的进化，可说只在争取时间上。连弩和机关枪已是这个原则的实行：在同样的时间而有广大的空间的被击。闪击战是这同一原则之应用。把这原则应用得更现实，更具体，更有效的，那就算这次战争中的原子弹了！

（四）

从这样的认识上，对我们中国人有什么可以提醒的呢？这就是：不知道时间观念的人是和近代文化的潮流相违的，不知道时间观念的人是没法在战争的时代里生存的！

中国人在过去，只可说只有一半的时间观念，因为只在重过去而不重未来。例如中国人的道德，节和孝，都是重在死人。打开一部中国历史，满篇是某某人"卒"，而很少注意某某人的"生"，这都是重在过去的表现，这样是不够的，只有也同时重在未来，才不会在现代的竞争生活里被淘汰。

（本文原刊一九四七年一月十三日《世界日报》）

附记：著者《论战争与文化》，《再论战争与文化》，均先后发表，现收入商务出版之《迎中国的文艺复兴》一书中。本文系在去秋大战结束后在剧专与军需学校讲演稿大意之一部分，现匆匆写出；详为发挥，请俟异日。

保卫“五四”、发扬“五四”与超越“五四”

——“五四”时代两个平凡的口号是“要科学”“要民主”

我在一九四二年的“五四”纪念日，曾写过一篇《五四运动之文化的意义及其评价》，发表在战时首都重庆的《大公报》，现在已收入我的《迎中国的文艺复兴》一书（商务版）里。那文章的结论有六点：

第一，“五四”是一个移植的文化运动；

第二，“五四”是一个资本主义的文化运动；

第三，“五四”运动在文化上是一个未得自然发育的民族运动；

第四，“五四”这个时代在文化上最大的成就是自然科学；

第五，“五四”文化运动可看作是西洋思想演进的一种匆遽的重演；

第六，“五四”文化运动的精神，事实上已渐见结束。

不用说，我那时对于“五四”的看法，是偏于不满意的方面的。那时我觉得“五四”在文化上之最特征的地方是启蒙，是代表一种清浅的理智色彩，缺少光，缺少热，缺少深度和远景；我要求从偏枯的理智变而为情感理智同样发展，我要求从清浅鄙近变而为深厚远大，我要求从移植的变而为本土的，从截取的变而为根本的，从单单是自然科学的进步变而为各方面的进步，尤其是思想和精神上的；总而言之，我要求不要停滞在“启蒙”，却应当真正步入“文艺复兴”；所以我怀了极大的热望，以“迎中国的文艺复兴”作为我的书名！

这种热望，我现在并没有放弃。自然，我那时是在遥望着民族的解放战争，胜利之后，便可以走上文化的解放运动了，所以我愿意做一个开路的小卒。我决没想到（恐怕谁也没想到）这次战争的结果是这么一副样子。我虽然不能后悔我那种热望，然而究竟我那期待还太早一点，我那乐观的态度还未免太幼稚一点。现在号称复员，但起码的“复员”——恢复战前是不必说了，就说能够继续战时的精神——也没有做到。在种种之中，最悲惨的是文化。在战时许多有分量的刊物不见了，在战时许多埋头的学者的工作不得不休歇了，而配合着靡靡之音的歌唱（敌伪时代的遗毒）各地的黄色期刊却始终在充斥着！在新出版物中，有十分之九是战时的著作或翻译的再版，而且眼看就是连这种炒一次陈饭的办法也渐有捉襟见肘的窘态！——我们老百姓能说什么？文艺复兴，文艺复兴，这几乎是幻影；再谈起我们所不满意的“五四”，也已经像是“发思古之幽情”。所以，我不能不在“不放弃文艺复兴的热望”之外，重弹一点低调，重作一点起码的呼求:起码要保卫“五四”吧，起码要再从“五四”出发，发扬发扬“五四”吧！

我们起码要回到那么一个世界：单纯的自然的爱国情绪笼罩着一切，学生和市民打成一片（当然不是现在打风之“打”），没有任何党派的支持，大家在要求民族的向上！要如同那时的求知欲那样高，甚而在吸收上超过了消化的能力。如同那时的向恶势力之搏斗，一无顾忌。要如同那时的卑之无甚高论的两个平凡的口号：要科学，要民主！

我们之不满意“五四”，是因为要超越“五四”，然而现在已经看到许多和“五四”对立的势力，也在不满意“五四”，却是要根本消灭“五四”，不要“五四”！“五四”之广泛的民族自觉的意义之浸润于文化各部门的意义，现在已经眼看在被缩小，在被贬值，在被歪曲了！时时有“沉渣的泛起”，时时有掣肘的退归“五四”以前的状态的势力存在着。单单以“五四”时代的一点小小园地——白话文——论，那堡垒也已经在飘摇。我们试看一般的大学国文系里，不是仍有冬烘的气息在跃跃欲试么？我们试看一般的大中学校的国文入学试题，不还是代表封建势力在执行选择作用么？

（本文原刊一九四七年五月四日《世界日报》）

论大学校长人选

什么样的人才才配做大学校长？这在正常的情形下，是不成问题的。所谓不成问题者，就是假若一切学校行政入于正轨，同时社会上一切情况也在正轨之下，那么一个大学校长做事便十分顺手，任何人也可以当大学校长，还有什么问题可言？然而中国情形不然。社会上的许多因素（不利于办好一个大学的因素）是存在着的，这已经此牵彼掣，再加上校内人事重重，一个校长的人选便真难了。

如果我们从这个实际的观点来论大学校长，则大学校长在未进大学之门之前先要有三个条件，这就是：学术地位、政治地位和社会地位。

为什么要有学术地位？道理很明显，如果没有学术地位，不能保留好教授，也不能欣赏好教授，更不能罗致好教授。一个大学要办好，当然学术第一，教授第一。从前有人说：“大学者非有大楼之谓也，有大师之谓也。”这句话是对极了。从这个观点论，市侩不可以当大学校长，党棍不可以当大学校长，军人不可以当大学校长（除非他兼有学术地位），财阀不可以当大学校长，官僚不可以当大学校长，因为“物以类聚”，如果这些人当大学校长，真正学者便一定裹足不前了。单是学人，而没有学术地位，也不成。这是因为一个人的心胸和眼界有关，眼界高则心胸才能大。在高一程度的人可以了解低的，而低一程度的人不能了解高的。我们不但要求学者当校长，而且要求有学术地位的人当校长，就是因为既有地位，则眼界必高，心胸必大，然后可以留住好教授，物色好教授，培养好教授，大学才不失为大学。

为什么又要有政治地位？这也是中国的现实环境使然。如果一个大学校长而没有政治地位，他将争不到经费，他将受不住外界的风浪。巧妇难为无米之炊，没有钱便什么事办不成，这是显而易见的。至于受不住外界的风浪一点却更为重要。因为在许多侦察的眼睛环伺之下，不免有教授或学生被认为“思想有问题”。如果确有其事还倒罢了，有时不免是出自“过敏”，或出自挟嫌，那才真是冤枉。而此所谓被认为“思想有问题”的教授或学生，却往往颇有优秀分子在内。假若一个大学校长而不能挺身出来，这些优秀分子便将逐渐被迫害、被淘汰，一个学校的素质便会在无形中低落了下去了。去年我在南京碰见一位大学校长，我问他学校的近况，他说：“非常安定，因为我们学校里没有闻一多”，他仿佛很庆幸而自慰的样子。这完全是怕事的表现，但也是没有政治地位的校长的悲哀。大概如果有了闻一多，他便不知道感觉有多么重的负担了。如果外间稍有压迫，他又不知道将如何畏缩了。我们先不管闻一多的政见是否正确，但像这种和另外一些人的看法有出入的教授或学生，在一校总是难免的，如果一个大学校长没有政治地位便很难保障他们的安全，学校里自然不必鼓励一个教授或学生的某种政见，但至少在不致影响他的教学或求学的限度之下，应该有力量抗住外界的压迫。这个力量，如果从道义的观点看，自然靠人格；但如果就现实的观点看，则同时要靠政治地位。我们说一个大学校长有了政治地位才能争到经费，才能受得住外界的压迫，这明明是不合理的现象。然而在中国现实的环境之下，却正是如此。目前中国讲“通融”，讲人的关系，没有什么制度可言，没有什么法治精神，也没有守法的习惯，等到一旦中国完全现代化了，自然不是这副样子，然而就目前论，我们从实际出发，却只能这样想法。因此，政治地位便也是大学校长的重要条件之一了。

政治地位之外，还有一个条件是社会地位，二者相似而实不同。有政治地位的人不见得就有社会地位，有社会地位的人也不见得就有政治地位。所谓社会地位，就是不但要有许多人晓得社会上有这么一个人，而且都能欣赏这个人，换句话就是，有名誉，有人缘，说出话来有很大的比重，为人重视等等。这样一个人当大学校长，才可以起领导作用。所谓领导作用又不限在校内，一个大学校长不但是对校内负责，他同时又是社会上知识分子的领袖之一，所以他的一言一动，对社会上也都有作用。大学校长是一个大学的代表人，假若想要社会上对一个大学有敬畏之心，这个校长便先要为人敬畏了。一个有社会地位的大学校长，做起事来才方便，说起话来才响亮，这不但关系一个学校的发展，而且关系一个时代的风气之转移。如果我们寄予大学的使命越多，我们便越觉得一个大学校长必须有着社会地位的一事的重要。

可是只有这三个条件就可以把大学办好么？我们认为还不尽然。原因是，这三个条件只是“必需条件”，而不是“充分条件”。没有这三个条件不成，但单有这三个条件还是不成。关键在什么地方呢？在这里，我们必须明白一个大学校长的人才的性质。说穿了，也很简单，这就是，我们要求于他的是他的“通才”，而不是他的专长，我们在实际上得惠于他的是他的“治事”，而不是治学。这一点非弄清楚不可，一个大学校长自身，尤其非弄清楚不可，因为这才真正是一个大学校长成败的关键。再拆穿了说，现在一个大学校长当不好，往往吃亏在“总务”，或则用人不当，或则不能驾驭。结果你只好狼狈而去了。

一个大学校长而由学者出身的，当然占多数。既为学者出身，他当然原有一种专长。这样的人当了大学校长，他每每忘记他在当一个大学校长时所要贡献的，却并不是他的专长，而是他的通才。我们看见过不少这样的大学校长：有的在教授德文，因为他自己的所长是德文；有的在教基础的数学，他每周有十八小时的数学课，满手都是粉笔灰，连见客的工夫也没有，大小事便都由一位秘书在盖章而已；有的在教交流电、直流电；又有的将要教史学方法……我们不否认他们的热心，然而却因此耽误了不少的事情。一个大学校长是一个领袖人才，他的本领在能罗致专家，让专家安心教学，就是他的成功。他不必自为专家。如果他请到好的德文教授、数学教授、电学教授、史学教授，让这样的教授好好住下去，这就是成功。如果必须自己出马，这门功课才有起色，则一个大学校长并非万能，其他功课又将如何？而且一人的时间精力有限，既为教课占了不少时力，则统筹全校的责任便势必不能全尽到了。总之，大学校长是一个能调度的宋江，而不是一个手抡板斧的李逵。倘以李逵代宋江，鲜有不偾事者。这是专家与通才之别，也是一个普通教授和一个大学校长不同处。我们不是说一个大学校长不能由专家充任，却是说就他身为大学校长论，那专家的身份用不着。如果用得着时，反而耽误事情。

我们方才又说，我们期待于一个大学校长的，是他治事的本领，而不是治学的精神，这也是显而易见。大学校长的主要功用并非自己去学，自己来教，却是让其他人得以学，得以教。这得以学、得以教的条件，却都是书本或实验室之外的东西，这是房舍，这是教具，这是饮食，这是非常实际的，非常粗浅的，然而又非常现实的一点一滴的经营。一个大学校长如果把房子盖得东倒西倒，而总务庶务之流，却养得肥头大耳，这不是失败吗？一个大学校长如果让治学的教授奔波悲叹于柴米油盐，或则房舍分配不足不公，使人无立锥之地，这样还讲什么学，这不是失败么？在战争的期间所遗留的一个坏现象，现在却仍数见不鲜，这就是各大学里总务高于教务，职员高于教员，凡是教员所应得的福利，却必须去向庶务之流“称兄道弟”，“作揖叩头”，然后才仿佛得到“恩典”。大学教授的尊严何在？这不是失败么？……要避除这些失败，就需要一个大学校长有治事的本领了。所谓治事的本领，就是他须公平，他须善于用人，让人有专责，他须定出办法而能贯彻，不要朝令夕改。

至于说一个大学校长须不贪污，须不营私，须不培植私人的势力（如造成清一色的门罗主义等），须不拿公家的财力物力去囤积谋利等等，总之，他须是一个好人，这不待言。以上所说，都是就他之够一好人之外的条件去说的。

上面是我们卑之无甚高论的大学校长人选的标准。如果有这样一个大学校长，大概学校可以办得好。我们要拥护他。我再说一遍，在一个大学校长未进大学之门之前，我们要求他有学术地位，有政治地位，有社会地位；在他既进学校之后，我们要求发挥他的通才，我们要求施展他的治事本领。再加上，他起码是一个公正负责的好人！

或者说：像你这样所谓一个大学校长，恐怕也不只一个大学校长了，就是政治的各种首长，也不过如此。我说：这个当然，因为道理本是一般无二的！

三十六年七月二十六日，写于北平

（本文原刊一九四七年九月《世纪评论》第二卷第十二期）